항공사 객실승무원 관련 법률

Airline cabin crew laws

항공사 객실승무원 관련 법률

安昭英

도서출판 석학당
www.shdbooks.co.kr

머리말

바쁜 현대인들에게 항공기는 빠른 속도와 쾌적한 서비스로 각광받고 있는 운송수단의 하나이다.

운송수단으로서 항공기의 이용 기회가 늘어감에 따라 다양한 고객을 위한 항공서비스가 과거에 비해 더욱 구체적이고 적극적인 경향을 띠는 상황을 보이고 있다.

이는 다른 교통수단에 비해 소요시간과 서비스면에서 고객만족도가 높고, 비즈니스 · 관광 · 레저를 위한 운송수단으로서의 만족감 또한 제공하기 때문이다.

최근에는 최신형 대형항공기인 A380의 등장으로 항공서비스 콘텐츠의 변화와 서비스의 질적 수준의 변화 및 향상이 이루어지고 있는 추세이다.

이러한 변화에 맞추어가기 위한 항공기내에서의 서비스 또한 실질적이면서도 구체적인 방법을 제시해야 할 필요가 있다.

항공사의 객실승무원이 항공기내에서 안전과 서비스업무 등 다양한 업무를 수행하는 가운데 사소한 분쟁이나 문제들이 발생할 경우가 있다.

이런 문제가 발생할 경우 항공기의 안전운항 그리고 고객과 관련하여 다양한 법적인 책임이 뒤따르게 되는데 이때 객실승무원은 법적으로 허용하는 범위 내에서 서비스를 제공하고 업무를 추진해야 하는 의무를 지닌다.

'사회가 있는 곳에 법이 있다'라는 말이 있는 것처럼 시간과 장소를 초월하여 혼자가 아닌 많은 사람들이 함께 살아가는 사회에서 법이라고 하는 것은 사람들 사이의 분쟁을 해결하고 그 분쟁을 해결할 수 있는 기준으로 삼을 수 있다.

이 책에서는 객실승무원으로서 항공기내에서의 다양한 업무를 직접적으로 수행하고, 간접적으로 관련 있는 업무를 접하면서 인식해야 하는 법률적인 내용을 다루고 있다.

항공안전 및 보안에 관한 법률, 항공법, 여권법, 출입국관리법, 검역법 등 항공사 객실승무원 업무에 직간접적으로 관련된 대한민국의 법률을 세밀하게 정리하였으며, 법률의 원문을 객실승무원 실무에 실질적으로 도움이 되고자 가감하였다.

이 법률들을 바탕으로 항공사 객실승무원은 승객과 항공기의 안전 운항은 물론 승객들의 편안하고 쾌적한 여행을 위한 노력에 최선을 다해야 할 것이다.

미래의 항공승무원을 키워내는 대경대학교에서 함께 힘이 되어주시는 柳進善님, 李彩英님, 최동락, 권대웅, 김종남, 박인구, 성오현, 박미령, 김명신, 김민영 교수님과 항공운항과 장인화, 차재임, 이창선, 김현주 교수님께 깊은 감사를 드리며, 항공운항과 졸업생 및 재학생에게도 고마움을 전합니다.

늘 용기와 보살핌을 아낌없이 주시는 어머님과 知音에게 이 책을 바칩니다.

2012년 7월

安 昭 英

차 례

일반개요

항공, 공항, 기타 항공 객실승무원 직무 관련 법률 개요

항공, 공항, 기타 항공 객실승무원 직무 관련 법률 개요

항공산업은 교통, 건설, 관광, 국민들의 경제 상황 등 여러 가지 산업들과 연관되어 있다. 항공사 객실승무원은 항공기내에서 승객들의 안전과 쾌적한 서비스 업무는 물론이거니와 공항에서 만나게 되는 많은 고객들, 그리고 다양한 상황에 부딪히게 된다.
따라서 항공 객실승무원과 직접적인 관련이 있는 법률들과 그 외 기타 관련 법률들의 종류와 간략한 개요에 대해 알아둘 필요성이 있다.

항공법

1. **제정** : 1961년 3월 7일 법률 제591호

2. **목적** : 「국제민간항공조약」 및 같은 조약의 부속서(附屬書)에서 채택된 표준과 방식에 따라 항공기가 안전하게 항행(航行)하기 위한 방법을 정하고, 항공시설을 효율적으로 설치·관리하도록 하며, 항공운송사업의 질서를 확립함으로써 항공의 발전과 공공복리의 증진에 이바지함을 목적으로 한다.

3. **구성** : 총칙(제1장), 항공기(제2장), 항공종사자(제3장), 항공기의 운항(제4장), 항공시설(제5장), 항공운송사업 등(제6장), 항공기취급업 등(제7장), 외국항공기(제8장), 보칙(제9장), 벌칙(제10장)으로 총 10장 184조로 구성

4. **주요내용** : 항공기, 항공업무, 항공종사자, 객실승무원, 비행장, 공항 등 용어의 정의

- 공항시설

- 항공기 등록
- 항공종사자
- 항공기에 탑재하는 서류
- 사고예방 및 사고조사를 위하여 항공기에 갖추어야 할 장치
- 항공기의 연료
- 운항승무원의 조건
- 운항승무원, 객실승무원 승무시간 기준
- 항공안전 프로그램
- 항공안전 의무보고
- 기장의 권한
- 이착륙 장소
- 비행규칙
- 순항고도
- 비행 중 금지행위
- 위험물의 운송
- 전자기기의 사용제한
- 항공기에 장비하여야 할 구급용구
- 항공기에 실어야 할 연료의 및 오일의 양
- 운항승무원의 승무시간 및 휴식시간 기준
- 객실승무원의 비행근무시간 및 휴식시간기준
- 항공기의 좌석수에 따라 탑승시켜야 하는 객실승무원의 수
- 항공시설
- 공항시설에서의 금지행위
- 항공안전활동

5. 소관부처 : 국토해양부

항공안전 및 보안에 관한 법률

1. **제정** : 1974년 12월 26일 법률 제2742호 항공기운항안전법으로 제정
2002년 8월 26일 법률 제6734호 항공안전 및 보안에 관한 법률로 개정

2. **목적** : 「국제민간항공협약」 등 국제협약에 따라 공항시설, 항행안전시설 및 항공기 내에서의 불법행위를 방지하고 민간항공의 안전 및 보안을 확보하기 위한 기준 · 절차 및 의무사항 등을 규정함을 목적으로 한다.

3. **구성** : 총칙(제1장), 항공안전협의회(제2장), 공항 · 항공기 등의 보안(제3장), 항공기 내의 안전 및 보안(제4장), 항공안전 보안장비 등(제5장), 항공안전 위협에 대한 응대(제6장), 보칙(제7장), 벌칙(제8장)으로 총 8장 51조로 구성

4. **주요내용** : 운항중, 항공기내보안요원, 항공운송업자, 보안검색 등 관련 용어의 정의

- 국제협약의 준수 사항
- 항공안전 및 보안의 기본계획
- 공항시설 등의 안전 및 보안
- 보호구역의 출입허가
- 승객의 안전 및 항공기의 보안
- 승객 등의 검색, 승객이 아닌 사람 등에 대한 검색, 통과여객 또는 환승 승객에 대한 보안검색 등
- 기내식 등의 통제
- 비행 서류의 안전 및 보안관리절차
- 무기 등 위해물품 휴대금지
- 승객의 안전유지 협조의무

- 수감 중인 사람 등의 호송
- 항공안전 보안장비
- 항공보안 감독
- 항공기 파손죄, 항공기 납치죄, 항공시설 파손죄, 항공기 위험물건 탑재죄, 공항운영 방해죄, 항공기 운항 저해 폭행죄, 항공기 점거 및 농성죄

5. 소관부처 : 국토해양부

여권법

1. 제정 : 1961년 12월 31일 법률 제940호

2. 목적 : 여권(旅券)의 발급, 효력과 그 밖에 여권에 관하여 필요한 사항을 규정함을 목적으로 한다.

3. 구성 : 총칙(제1장), 여권의 종류와 유효기간(제2장), 여권의 발급, 재발급 및 사용제한 등(제3장), 여권정책심의위원회(제4장), 여권의 반납과 직접 회수(제5장), 사무의 대행 및 수수료 등(제6장), 벌칙(제7장)으로 총 7장 26조로 구성

4. 주요내용 : 여권의 종류 및 유효기간
   - 단수여권의 발급
   - 여권의 발급, 재발급 및 사용제한 등
   - 여권의 발급 등의 거부 · 제한
   - 여권의 효력상실
   - 여권의 부정한 발급 · 행사 등의 금지
   - 여권의 사용제한 등

- 여권의 반납과 직접 회수
- 사무의 대행 및 수수료 등

5. 소관부처 : 외교통상부

검 역 법

1. 제정 : 1954년 2월 2일 법률 제307호

2. 목적 : 우리나라로 들어오거나 외국으로 나가는 운송수단, 사람 및 화물을 검역(檢疫)하는 절차와 감염병을 예방하기 위한 조치에 관한 사항을 규정하여 국내외로 감염병이 번지는 것을 방지함으로써 국민의 건강을 유지 · 보호하는 것을 목적으로 한다.

3. 구성 : 총칙(제1장), 검역조사(제2장), 검역공무원(제3장), 보칙(제4장), 벌칙(제5장)으로 총 5장 41조로 구성

4. 주요내용 : 검역감염병의 종류
- 출입국의 금지 또는 정지 요청
- 검역이 필요한 운송수단
- 검역장소, 검역시간
- 검역전의 승선 · 탑승
- 검역조치
- 검역감염병 환자등의 격리
- 출입국의 금지 또는 정지 요청
- 시체 등의 반입 및 조사
- 공중보건조치
- 검역구역의 보건위생관리

- 관련 서식 : 항공기 도착(출발)보고서, 항공기보건상태신고서
- 승무원 및 승객 명부, 건강상태 질문서, 개인검역신고서
- 검역 전 승선 · 탑승 허가 신청서, 사망경위서

5. 소관부처 : 보건복지부

출입국관리법

1. 제정 : 1963년 3월 5일 법률 제1289호

2. 목적 : 대한민국에 입국하거나 대한민국에서 출국하는 모든 국민 및 외국인의 출입국관리와 대한민국에 체류하는 외국인의 체류관리 및 난민(難民)의 인정절차 등에 관한 사항을 규정함을 목적으로 한다.

3. 구성 : 총칙(제1장), 국민의 출입국(제2장), 외국인의 입국 및 상륙(제3장), 외국인의 체류와 출국(제4장), 외국인의 등록(제5장), 강제퇴거(제6장), 선박등의 검색(제7장), 선박등의 장 및 운수업자의 책임(제8장), 난민의 인정 등(제8장의 2), 보칙(제9장), 벌칙(제10장), 고발과 통고처분(제11장)으로 총 11장 106조로 구성

4. 주요내용 : 국민의 출국, 입국
- 국민의 출국 금지
- 외국인의 입국 및 상륙
- 사증, 사증발급인정서
- 외국인 입국의 금지
- 외국인 입국심사
- 외국인 입국 시 지문 및 얼굴에 관한 정보의 제공

- 승무원의 상륙허가
- 관광상륙허가
- 외국인의 체류 및 활동범위
- 외국인의 출국심사
- 외국인등록
- 외국인 등록증의 발급
- 강제퇴거 대상자
- 선박 등의 검색 및 심사
- 승객예약정보의 열람 및 제공
- 난민의 인정

5. **소관부처** : 법무부

여행자 및 승무원 휴대품 통관에 관한 법률

1. **제정** : 2011년 9월 30일 관세청고시 제2011-38호

2. **목적** : 여행자 및 승무원의 휴대품 신고와 통관에 관한 사항을 규정함으로써 휴대품의 신속통관과 효율적인 세관업무의 수행을 목적으로 한다.

3. **구성** : 총칙(제1장), 휴대반입물품신고(제2장), 단체여행자 일관신고(제2장의 2), 크루즈여행자 선상일괄신고(제2장의 3), 입국여행자휴대품통관(제3장), 여행자휴대품의 원격지통관(제4장), 골프채 휴대반출입절차 간소화(제5장), 승무원휴대품의 통관(제6장), 반송(제7장), 출국시 세관절차(제8장), 세금의 사후납부(제9장), 재반출조건부 일시반입물품의 통관(제10장), 보칙(제12장)으로 총12장 12조로 구성

4. **주요내용** : 여행자휴대품의 인정범위

- 신고서 작성 및 제출, 신고대상물품
- 신고내역과 현품확인
- 여행자 1인당관세면제금액, 면세범위
- 면세범위초과물품의 통관, 과세가격의 결정, 세액의 계산
- 승무원휴대품의 인정범위, 승무원휴대품의 과세통관허용기준
- 반송신청, 반송절차, 반송방법
- 휴대반출신고물품, 신고 및 확인

5. 소관부처 : 관세청

교통안전법

1. 제정 : 1997년 12월 28일 법률 제3184호

2. 목적 : 교통안전에 관한 국가 또는 지방자치단체의 의무 · 추진체계 및 시책 등을 규정하고 이를 종합적 · 계획적으로 추진함으로써 교통안전 증진에 이바지함을 목적으로 한다.

3. 구성 : 총칙(제1장), 교통안전정책심의기구(제2장), 국가교통안전기본계획 등(제3장), 교통안전에 관한 기본시책(제4장), 교통안전에 관한 세부시책(제5장), 보칙(제6장), 벌칙(제7장)으로 총 7장 65조로 구성

4. 주요내용 : 교통시설설치 · 관리자의 의무
- 교통수단 제조사업자의 의무
- 교통안전에 관한 주요 정책 등 심의
- 국가교통안전기본계획
- 지역교통안전기본계획

일반개요

- 교통안전지식의 보급
- 교통수단의 안전운행 등의 확보
- 교통질서의 유지
- 위험물의 안전운송
- 손배배상의 적정화
- 교통안전점검

5. **소관부처 :** 국토해양부

항공철도 사고조사에 관한 법률

1. **제정 :** 2005년 11월 8일 법률 제7692호

2. **목적 :** 항공 · 철도사고조사위원회를 설치하여 항공사고 및 철도사고 등에 대한 독립적이고 공정한 조사를 통하여 사고 원인을 정확하게 규명함으로써 항공사고 및 철도사고 등의 예방과 안전 확보에 이바지함을 목적으로 한다.

3. **구성 :** 총칙(제1장), 항공 · 철도사고조사위원회(제2장), 사고조사(제3장), 보칙(제4장), 벌칙(제5장)으로 총5장 38조로 구성

4. **주요내용 :** 사고의 적용범위
   - 항공 · 철도사고조사위원회의 설치
   - 항공 · 철도사고 등의 발생 통보
   - 관계 행정기관 등의 협조
   - 사고조사에 관한 연구

5. **소관부처 :** 국토해양부

인천국제공항공사법

1. 제정 : 1999년 1월 26일 법률 제5689호

2. 목적 : 인천국제공항공사를 설립하여 인천국제공항을 효율적으로 건설 및 관리 · 운영하도록 하고, 세계적인 공항전문기업으로 육성함으로써 원활한 항공 운송과 국민경제발전에 이바지하게 함을 목적으로 한다.

3. 소관부처 : 국토해양부

한국공항공사법

1. 제정 : 2002년 1월 14일 법률 제6607호

2. 목적 : 한국공항공사를 설립하여 공항을 효율적으로 건설 · 관리 · 운영하도록 함으로써 항공수송을 원활하게 하고, 나아가 국가경제 발전과 국민복지 증진에 이바지함을 목적으로 한다.

3. 소관부처 : 국토해양부

항공운송사업진흥법

1. 제정 : 1971년 1월 12일 법률 제2275호

2. 목적 : 항공운송사업을 진흥시킴으로서 그 국제적지위의 향상과 국민경제의 발전에 이바지함을 목적으로 한다.

3. 주요내용 : 항공운송사업의 조성

- 항공보험의 가입 의무
- 민간항공단체의 육성

4. **소관부처** : 국토해양부

관광진흥법

1. **제정** : 1976년 12월 31일 법률 제2878호 관광사업법으로 제정
1986년 12월 31일 법률 제3910호 관광진흥법으로 개정

2. **목적** : 관광여건을 조성하고 관광자원을 개발하여 관광사업의 지도 및 육성을 도모함으로써 관광진흥에 기여함을 목적으로 한다.

3. **구성** : 총칙(제1장), 관광사업(제2장), 관광의 진흥과 홍보(제3장), 관광지의 개발(제4장), 관광종사원(제5장), 관광사업자단체(제6장), 보칙(제7장), 벌칙(제8장)으로 총 8장 60조로 구성

4. **주요내용** : 관광사업의 종류
   - 관광사업의 허가와 신고
   - 관광표지의 부착
   - 의료관광 활성화
   - 국외여행 인솔자
   - 관광숙박업 및 관광객 이용시설업
   - 관광숙박업의 등급
   - 카지노업의 허가 요건
   - 카지노업의 시설기준
   - 카지노기구의 규격 및 기준
   - 카지노업의 영업 종류와 영업 방법

- 유원시설업
- 관광종사원의 자격
- 관광 홍보 및 관광자원 개발
- 지역축제
- 문화관광해설사의 양성 및 활용계획
- 관광체험교육프로그램 개발
- 관광개발기본계획

5. **소관부처** : 문화체육관광부

관광진흥개발기금법

1. **제정** : 1972년 12월 29일 법률 제2402호

2. **목적** : 관광사업을 효율적으로 발전시키고 관광을 통한 회화 수입의 증대에 이바지하기 위하여 관광진흥개발기금을 설치하는 것을 목적으로 한다.

3. **소관부처** : 문화체육관광부

관광기본법

1. **제정** : 1975년 12월 31일 법률 제2877호

2. **목적** : 관광진흥의 방향과 시책에 관한 사항을 규정함으로써 국제친선을 증진하고 국민경제와 국민복지를 향상시키며 건전한 국민관광의 발전을 도모하는 것을 목적으로 한다.

3. 소관부처 : 문화체육관광부

공항소음 방지 및 소음 대책지역 지원에 관한 법률

1. 제정 : 2010년 3월 22일 법률 제10161호

2. 목적 : 공항소음을 방지하고 소음대책지역의 공항소음대책사업 및 주민지원사업을 효율적으로 추진함으로써 주민의 복지증진과 쾌적한 생활환경을 보장하고, 항공교통 활성화에 이바지함을 목적으로 한다.

3. 구성 : 29조로 구성

4. 주요내용 : 소음대책지역에서의 시설물의 설치 제한
   - 공항소음 방지 및 주민지원에 관한 중기계획의 수립
   - 소음저감운항 의무
   - 자동소음측정망의 설치
   - 항공기 소음등급의 설정

5. 소관부처 : 국토해양부

국제항공운수권 및 영공통과 이용권 배분 등에 관한 규칙

1. 제정 : 2009년 10월 22일 법률 제174호

2. 목적 : 항공법 제 118조 제1항 및 제 118조의 제2조 1항에 따른 운수권 및 영공통과 이용권 배분의 기준절차 · 방법과 배분된 운수권 및 영공통과 이용권 회수의 기준 · 절차 · 방법 등에 관하여 필요한 사항을 정함을 목적으로 한다.

3. 구성 : 총칙(제1장), 배분의 기준 및 방법(제2장), 배분절차(제3장), 회수 및 재분배(제4장)으로 총 4장 20조로 구성

4. 주요내용 : 배분대상 항공사 수 및 선정

- 영공통과 이용권
- 운수권 및 영공통과 이용권의 재분배
- 운수권 및 영공통과 이용권을 재분배 받은 항공사의 의무

5. 소관부처 : 국토해양부

항공우주산업개발 촉진법

1. 제정 : 1987년 12월 4일 법률 제3991호

2. 목적 : 항공우주산업을 합리적으로 지원 · 육성하고 항공우주과학기술을 효율적으로 연구 · 개발함으로써 국민경제의 건전한 발전과 국민생활의 향상에 이바지하게 함을 목적으로 한다.

3. 소관부처 : 지식경제부

항공안전 및 보안에 관한 법률

항공안전 및 보안에 관한 법률

본 법률에서는 항공기, 항공사 객실승무원의 안전업무와 보안에 관한 내용을 담고 있다. 항공사의 객실승무원은 기내서비스를 비롯한 많은 업무 중 항공기에 탑승하여 비상시 승객을 탈출시키는 등의 안전업무를 가장 우선 시 해야 한다.
객실승무원이 안전업무를 수행하기 위해서는 승객의 안전 및 항공기의 보안, 승객들의 검색, 통과여객 또는 환승승객에 대한 보안검색, 승객 및 휴대물품의 보안검색, 위탁수하물의 검색방법, 화물에 대한 보안검색방법, 기내식의 통제, 비행서류의 안전 및 보안관리절차, 무기 등 위해물품 휴대금지, 기내 무기 반입 허가 절차, 승객의 안전유지 협조의무, 탑승거절 대상자, 수감 중인 사람 등에 대한 호송방법, 항공기 안전조치, 항공보안 감독, 항공기 위험 물건, 항공기 안전운항 저해 폭행죄 등을 다루는 항공안전 및 보안에 관한 법률의 내용을 비행 전 반드시 확인 및 숙지하여야 한다.

제1장 총 칙

제1조(목적) 이 법은 「국제민간항공협약」 등 국제협약에 따라 공항시설, 항행안전시설 및 항공기 내에서의 불법행위를 방지하고 민간항공의 안전 및 보안을 확보하기 위한 기준·절차 및 의무사항 등을 규정함을 목적으로 한다.

제2조(정의) 이 법에서 사용하는 용어의 뜻은 다음과 같다. 다만, 이 법에 특별한 규정이 있는 것을 제외하고는 「항공법」에서 정하는 바에 따른다.

1. "운항중"이란 승객이 탑승한 후 항공기의 모든 문이 닫힌 때부터 내리기 위하여 문을 열 때까지를 말한다.
2. "공항운영자"란 다음 각 목의 어느 하나에 해당하는 자를 말한다.
   가. 「인천국제공항공사법」에 따른 인천국제공항공사
   나. 「한국공항공사법」에 따른 한국공항공사
   다. 「항공법」 제105조의2에 따라 공항시설관리권을 설정 받아 등록한 자

라. 그 밖에 국토해양부장관이 공항을 운영하는 자로 지정 · 고시한 자

3. "항공운송사업자"란 「항공법」 제112조에 따라 면허를 받은 국내항공운송사업자 및 국제항공운송사업자, 같은 법 제132조에 따라 등록을 한 소형항공운송사업자 및 같은 법 제147조에 따라 허가를 받은 외국인 국제항공운송업자를 말한다.
4. "항공기취급업체"란 「항공법」 제137조에 따라 항공기취급업을 등록한 업체를 말한다.
5. "항공기정비업체"란 「항공법」 제137조의2에 따라 항공기정비업을 등록한 업체를 말한다.
6. "공항상주업체"란 공항에서 영업을 할 목적으로 공항운영자와 시설이용 계약을 맺은 개인 또는 법인을 말한다.
7. "항공기내보안요원"이란 항공기 내의 질서 및 안전을 해치는 행위를 방지하는 직무를 담당하는 사법경찰관리 또는 그 직무를 위하여 항공운송사업자가 지명하는 사람을 말한다.
8. "불법방해행위"란 항공기의 안전운항을 저해할 우려가 있거나 운항을 불가능하게 하는 행위로서 다음 각 목의 행위를 말한다.

가. 지상에 있거나 운항중인 항공기를 납치하거나 납치를 시도하는 행위

나. 항공기 또는 공항에서 사람을 인질로 삼는 행위

다. 항공기, 공항 및 항행안전시설을 파괴하거나 손상시키는 행위

라. 항공기, 항행안전시설 및 제12조에 따른 보호구역(이하 "보호구역"이라 한다)에 무단 침입하거나 운영을방해하는 행위

마. 범죄의 목적으로 항공기 또는 보호구역 내로 제21조에 따른 무기 등 위해물품(危害物品)을 반입하는 행위

바. 지상에 있거나 운항중인 항공기의 안전을 위협하는 거짓 정보를 제공하는 행위 또는 공항 및 공항시설 내에 있는 승객, 승무원, 지상근무자의 안전을 위협하는 거짓 정보를 제공하는 행위

사. 그 밖에 이 법에 따라 처벌받는 행위

9. "보안검색"이란 불법방해행위를 하는 데에 사용될 수 있는 무기 또는 폭발물 등 위험성이 있는 물건들을 탐지 및 수색하기 위한 행위를 말한다.

10. "항공보안검색요원"이란 승객, 휴대물품, 위탁수하물, 항공화물 또는 보호구역에 출입하려고 하는 사람 등에 대하여 보안검색을 하는 사람을 말한다.

제3조(국제협약의 준수) ① 민간항공의 안전 및 보안을 위하여 이 법에서 규정하는 사항 외에는 다음 각 호의 국제협약에 따른다.

1. 「항공기 내에서 범한 범죄 및 기타 행위에 관한 협약」
2. 「항공기의 불법납치 억제를 위한 협약」
3. 「민간항공의 안전에 대한 불법적 행위의 억제를 위한 협약」
4. 「민간항공의 안전에 대한 불법적 행위의 억제를 위한 협약을 보충하는 국제민간항공에 사용되는 공항에서의 불법적 폭력행위의 억제를 위한 의정서」
5. 「가소성 폭약의 탐지를 위한 식별조치에 관한 협약」

② 제1항에 따른 국제협약 외에 항공안전 및 보안에 관련된 다른 국제협약이 있는 경우에는 그 협약에 따른다.

제4조(국가의 책무) 국토해양부장관은 민간항공의 안전 및 보안에 관한 계획 수립, 관계 행정기관 간 업무 협조체제 유지, 공항운영자 · 항공운송사업자 · 항공기취급업체 · 항공기정비업체 · 공항상주업체 및 항공여객 · 화물터미널 운영자 등의 자체 보안계획에 대한 승인 및 실행점검, 항공안전 및 보안 교육훈련계획의 개발 등의 업무를 수행한다.

제5조(공항운영자 등의 협조의무) 공항운영자, 항공운송사업자, 항공기취급업체, 항공기정비업체, 공항상주업체, 항공여객 · 화물터미널운영자, 공항

이용자, 그 밖에 국토해양부령으로 정하는 자는 항공안전 및 보안을 위한 국가의 시책에 협조하여야 한다.

제6조(항공안전조직의 설치 · 운영 등) 국토해양부장관은 이 법 또는 「항공법」에서 정한 항공안전 · 기술 등에 관한 업무를 전담하는 조직을 「정부조직법」 제2조부터 제4조까지의 규정에도 불구하고 대통령령으로 정하는 바에 따라 중앙행정기관의 조직과 다르게 설치 · 운영할 수 있다.

제2장 항공안전협의회 등

제7조(항공안전협의회) ① 항공안전 및 보안에 관련되는 다음 각 호의 사항을 협의하기 위하여 국토해양부에 항공안전협의회를 둔다.

1. 항공안전 및 보안에 관한 계획의 협의
2. 관계 행정기관 간 업무 협조
3. 제10조제2항에 따른 자체 보안계획의 승인을 위한 협의
4. 그 밖에 항공안전 및 보안을 위하여 항공안전협의회의 장이 필요하다고 인정하는 사항

② 항공안전협의회의 구성, 운영 및 자체 보안계획 승인의 대상 등에 관하여 필요한 사항은 대통령령으로 정한다.

항공안전협의회의 구성

- 항공안전협의회는 위원장 1명을 포함한 20명 이내의 위원으로 구성한다.
- 안전협의회의 위원장은 국토해양부 항공정책실장이 된다.

제8조(공항안전운영협의회) ① 지방항공청장은 관할 공항별로 항공안전 및 보안에 관한 사항을 협의하기 위하여 공항안전운영협의회를 둔다.
② 공항안전운영협의회의 구성 · 임무 및 운영 등에 관하여 필요한 사항은 대통령령으로 정한다.

공항안전운영협의회의 구성

– 공항안전운영협의회는 위원장 1명을 포함한 20명 이내의 위원으로 구성한다.

제9조(항공안전 및 보안의 기본계획) ① 국토해양부장관은 항공안전 및 보안에 관한 기본계획(이하 "기본계획"이라 한다)을 수립하고, 그 내용을 공항운영자, 항공운송사업자, 항공기취급업체, 항공기정비업체, 공항상주업체, 항공여객·화물터미널운영자, 그 밖에 국토해양부령으로 정하는 자(이하 "공항운영자등"이라 한다)에게 통보하여야 한다.

② 기본계획에는 항공안전 및 보안에 관한 종합적·장기적인 추진방향 등 대통령령으로 정하는 사항이 포함되어야 한다.

③ 기본계획을 수립하는 경우에는 관련 행정기관과 협의하여야 한다.

항공안전 및 보안에 관한 기본계획의 내용

1. 항공안전 및 보안에 관한 기본방침
2. 항공안전 및 보안에 관한 중장기 추진방향
3. 항공안전 및 보안에 관한 관련 행정기관의 역할

제10조(국가항공보안계획 등의 수립) ① 국토해양부장관은 항공안전 및 보안업무를 수행하기 위하여 국가항공보안계획을 수립·시행하여야 한다.

② 공항운영자등은 제1항의 국가항공보안계획에 따라 자체 보안계획을 수립하거나 수립된 자체 보안계획을 변경하려는 경우에는 국토해양부장관의 승인을 받아야 한다. 다만, 국토해양부령으로 정하는 경미한 사항의 변경은 그러하지 아니하다.

③ 제1항 및 제2항에 따라 수립하는 국가항공보안계획, 자체 보안계획의 세부 내용 및 수립절차 등에 관하여 필요한 사항은 국토해양부령으로 정한다.

제3장 공항 · 항공기 등의 보안

제11조(공항시설 등의 안전 및 보안) ① 공항운영자는 공항시설과 항행안전시설에 대하여 안전 및 보안에 필요한 조치를 하여야 한다.
② 공항운영자는 보안검색이 완료된 승객과 완료되지 못한 승객 간의 접촉을 방지하기 위한 대책을 수립 · 시행하여야 한다.
③ 공항을 건설하거나 유지 · 보수를 하는 경우에 불법방해 행위로부터 사람 및 시설 등을 보호하기 위하여 준수하여야 할 세부 기준은 국토해양부장관이 정한다.

공항운영자의 자체 보안계획 :

1. 항공안전 및 보안업무 담당 조직의 구성 · 세부업무 및 보안책임자의 지정
2. 항공안전 및 보안에 관한 교육훈련
3. 항공안전 및 보안에 관한 정보의 전달 및 보고 절차
4. 공항시설의 경비대책
5. 보호구역 지정 및 출입통제
6. 승객 · 휴대물품 및 위탁수하물에 대한 보안검색
7. 통과 승객 · 환승 승객 및 그 휴대물품 · 위탁수하물에 대한 보안검색
8. 승객의 일치여부 확인 절차
9. 항공보안검색요원의 운영계획
10. 보호구역 밖에 있는 공항상주업체의 항공안전 및 보안관리 대책
11. 항공안전 보안장비의 관리 및 운용
12. 보안검색 실패 등에 대한 대책 및 보고 · 전달체계
13. 보안검색 기록의 작성 · 유지
14. 공항별 특성에 따른 세부 보안기준

항공운송사업자의 자체 보안계획 :

1. 항공안전 및 보안업무 담당 조직의 구성 · 세부업무 및 보안책임자의 지정

2. 항공안전 및 보안에 관한 교육훈련
3. 항공안전 및 보안에 관한 정보의 전달 및 보고 절차
4. 항공기 정비시설 등 항공운송사업자가 관리 · 운영하는 시설에 대한 보안대책
5. 항공기 보안에 관한 사항
   가. 항공기에 대한 경비대책
   나. 비행 전 · 후 항공기에 대한 보안점검
   다. 계류(繫留)항공기에 대한 탑승계단, 탑승교, 출입문, 경비요원 배치에 관한 보안 및 통제 절차
   라. 항공기 운항중 보안대책
   마. 안전유지 협조의무를 위반한 사람에 대한 처리절차
   바. 수감 중인 사람 등의 호송 절차
   사. 범인의 인도 · 인수 절차
   아. 항공기내보안요원의 운영 및 무기운용 절차
   자. 국외취항 항공기에 대한 보안대책
   차. 항공기에 대한 위협 증가 시 항공안전 및 보안대책
   카. 조종실 출입절차 및 조종실 출입문 안전강화대책
   타. 기장의 권한 및 그 권한의 위임절차
   파. 기내 보안장비 운용절차
6. 기내식 및 저장품에 대한 보안대책
7. 항공보안검색요원 운영계획
8. 보안검색 실패 대책보고
9. 항공화물 보안검색 방법
10. 보안검색기록의 작성 · 유지
11. 항공안전 보안장비의 관리 및 운용
12. 화물터미널 보안대책(화물터미널을 관리 운영하는 항공운송사업자만 해당한다)
13. 운송정보의 제공 절차
14. 위해물품 탑재 및 운송절차
15. 보안검색이 완료된 위탁수하물에 대한 항공기에 탑재되기 전까지의 보호조치

절차

16. 승객 및 위탁수하물에 대한 일치여부 확인 절차
17. 승객 일치 확인을 위해 공항운영자에게 승객 정보제공
18. 항공기 탑승 거절절차
19. 항공기 이륙 전 항공기에서 내리는 탑승객 발생 시 처리절차
20. 비행서류의 안전 및 보안관리 대책
21. 보호구역 출입증 관리대책
22. 그 밖에 항공안전 및 보안에 관하여 필요한 사항

항공기취급업체(항공기취급업체 · 항공기정비업체 · 공항상주업체, 항공여객 · 화물터미널 운영자 및 도심공항터미널을 경영하는 자) 등의 자체 보안계획 :

1. 항공안전 및 보안업무 담당 조직의 구성 · 세부업무 및 보안책임자의 지정
2. 항공안전 및 보안에 관한 교육훈련
3. 항공안전 및 보안에 관한 정보의 전달 및 보고 절차
4. 보호구역 출입증 관리 대책
5. 해당 시설 경비보안 및 보안검색 대책
6. 항공안전 보안장비 관리 및 운용
7. 그 밖에 항공안전 및 보안에 관한 사항

제12조(공항시설 보호구역의 지정) ① 공항운영자는 보안검색이 완료된 구역, 활주로, 계류장(繫留場) 등 공항시설의 보호를 위하여 필요한 구역을 국토해양부장관의 승인을 받아 보호구역으로 지정하여야 한다.
② 공항운영자는 필요한 경우 국토해양부장관의 승인을 받아 임시로 보호구역을 지정할 수 있다.
③ 제1항과 제2항에 따른 보호구역의 지정기준 및 지정취소에 관하여 필요한 사항은 국토해양부령으로 정한다.

보호구역의 지정

보호구역에는 다음의 지역이 포함되어야 한다.

1. 보안검색이 완료된 지역
2. 출입국심사장
3. 세관검사장
4. 관제탑 등 관제시설
5. 활주로 및 계류장
6. 항행안전시설 설치지역
7. 화물청사
8. 해당 규정에 따른 지역의 부대지역

제13조(보호구역에의 출입허가) ① 다음 각 호의 어느 하나에 해당하는 사람은 공항운영자의 허가를 받아 보호구역에 출입할 수 있다.

1. 보호구역의 공항시설 등에서 상시적으로 업무를 수행하는 사람
2. 공항 건설이나 공항시설의 유지·보수 등을 위하여 보호구역에서 업무를 수행할 필요가 있는 사람
3. 그 밖에 업무수행을 위하여 보호구역에 출입이 필요하다고 인정되는 사람

② 제1항에 따른 출입허가의 절차 등에 관하여 필요한 사항은 국토해양부령으로 정한다.

제14조(승객의 안전 및 항공기의 보안) ① 항공운송사업자는 승객의 안전 및 항공기의 보안을 위하여 필요한 조치를 하여야 한다.

② 항공운송사업자는 승객이 탑승한 항공기를 운항하는 경우 항공기내 보안요원을 탑승시켜야 한다.

③ 항공운송사업자는 국토해양부령으로 정하는 바에 따라 조종실 출입문의 안전을 강화하고 운항중에는 허가받지 아니한 사람의 조종실 출입을 통제하는 등 항공기에 대한 안전조치를 하여야 한다.

④ 항공운송사업자는 매 비행 전에 항공기에 대한 보안점검을 하여야 한다. 이 경우 보안점검에 관한 세부 사항은 국토해양부령으로 정한다.
⑤ 공항운영자 및 항공운송사업자는 액체, 겔(gel)류 등 국토해양부장관이 정하여 고시하는 항공기 내 반입금지물질이 항공기 내에 반입되지 아니하도록 조치하여야 한다.
⑥ 항공운송사업자 또는 항공기 소유자는 항공기의 안전을 위하여 필요한 경우에는 「청원경찰법」에 따른 청원 경찰이나 「경비업법」에 따른 특수경비원으로 하여금 항공기의 경비를 담당하게 할 수 있다.

제15조(승객 등의 검색) ① 항공기에 탑승하는 사람은 신체, 휴대물품 및 위탁수하물에 대한 보안검색을 받아야 한다.
② 공항운영자는 항공기에 탑승하는 사람, 휴대물품 및 위탁수하물에 대한 보안검색을 하고, 항공운송사업자는 화물에 대한 보안검색을 하여야 한다. 다만, 관할 국가경찰관서의 장은 범죄의 수사 및 공공의 위험예방을 위하여 필요한 경우 보안검색에 대하여 필요한 조치를 요구할 수 있고, 공항운영자나 항공운송사업자는 정당한 사유 없이 그 요구를 거절할 수 없다.
③ 공항운영자 및 항공운송사업자는 제2항에 따른 보안검색을 직접 하거나 「경비업법」 제4조제1항에 따른 경비업자 중 공항운영자 및 항공운송사업자의 추천을 받아 제6항에 따라 국토해양부장관이 지정한 업체에 위탁할 수 있다.
④ 공항운영자는 제2항에 따른 보안검색에 드는 비용에 충당하기 위하여 「항공법」 제86조에 따른 사용료의 일부를 사용할 수 있다.
⑤ 제2항에 따른 보안검색의 방법 · 절차 · 면제 등에 관하여 필요한 사항은 대통령령으로 정한다.
⑥ 제3항에 따라 보안검색 업무를 위탁받으려는 자는 국토해양부장관의 지정을 받아야 한다. 이 경우 지정기준 및 지정취소에 관하여 필요한 사항은 국토해양부령으로 정한다.

제16조(승객이 아닌 사람 등에 대한 검색) ① 공항운영자는 제13조제1항에 따라 허가를 받아 보호구역으로 들어가는 사람 또는 물품에 대하여도 보안검색을 하여야 한다. 이 경우 보안검색에 대하여는 제15조제5항을 준용한다.

② 제1항에도 불구하고 화물터미널 내에 지정된 보호구역으로 들어가는 사람 또는 물품에 대한 보안검색은 화물터미널운영자가 하여야 한다. 이 경우 보안검색에 대하여는 제15조제5항을 준용한다.

제17조(통과 승객 또는 환승 승객에 대한 보안검색 등) ① 항공운송사업자는 항공기가 공항에 도착하면 통과 승객이나 환승 승객으로 하여금 휴대물품을 가지고 내리도록 하여야 한다.

② 공항운영자는 제1항에 따라 항공기에서 내린 통과 승객, 환승 승객 및 휴대물품에 대하여 보안검색을 하여야한다.

③ 제2항에 따른 보안검색에 드는 비용은 공항운영자가 부담하고, 항공운송사업자는 통과 승객이나 환승 승객에 대한 운송정보를 공항운영자에게 제공하여야 한다.

④ 제3항에 따른 운송정보 제공 등에 관한 세부 사항은 국토해양부장관이 정한다.

⑤ 통과 승객, 환승 승객 및 휴대물품에 대한 보안검색에 대하여는 제15조제2항 단서 및 같은 조 제3항부터 제6항까지의 규정을 준용한다.

승객 및 휴대물품의 보안검색방법 등 :

- 공항운영자는 항공기 탑승 전에 모든 승객 및 휴대물품에 대하여 문형금속탐지기 또는 엑스선 검색장비 등 국토해양부장관이 고시하는 항공안전 보안장비를 사용하여 보안검색을 하여야 한다. 이 경우 폭발물이 있다고 의심이 되는 때에는 폭발물 탐지장비 또는 폭발물 흔적탐지장비를 사용하여 보안검색을 하여야 한다.
- 공항운영자는 보안검색을 거부하거나 무기·폭발물 또는 그 밖에 항공안전 및

보안에 위협이 되는 물건을 휴대한 승객이 보안검색이 끝난 지역으로 진입할 수 없도록 필요한 조치를 하여야 한다.

- 공항운영자는 다음에 해당하는 경우에는 승객의 동의를 받아 직접 신체에 대한 검색을 하거나 개봉검색을 하여야 한다.

1. 검색장비 등이 설치되어 있지 아니하거나 정상적으로 작동하지 아니하는 경우
2. 검색장비 등의 경보음이 울리는 경우
3. 무기류나 위해(危害)물품을 휴대(携帶)하거나 숨기고 있다고 의심되는 경우
4. 엑스선 검색장비에 의한 검색결과 그 내용물을 판독할 수 없는 경우

- 공항운영자는 기내에서 휴대가 금지되는 물품이 항공안전 및 보안에 위해(危害)가 되지 아니하다고 인정되는 경우에는 위탁수하물로 탑재(搭載)를 하게 할 수 있다.

위탁수하물의 보안검색방법 등 :

항공운송사업자는 탑승권을 소지한 승객의 위탁수하물에 대해서만 공항운영자에게 보안검색을 의뢰하여야 한다. 이 경우 항공운송사업자는 공항운영자에게 보안검색을 의뢰하기 전에 그 위탁수하물이 탑승권을 소지한 승객의 소유인지 및 위해물품 인지를 확인하여야 한다.

- 공항운영자는 위탁수하물에 대하여 항공기 탑재 전에 엑스선 검색장비를 사용하여 보안검색을 하여야 하며, 다음의 어느 하나에 해당하는 경우에는 위탁수하물을 개봉하여 그 내용물을 검색하여야 한다. 이 경우 폭발물이 있다고 의심되는 때에는 폭발물 탐지장비 또는 폭발물 흔적탐지장비를 사용하여 보안검색을 하여야 한다.

1. 엑스선 검색장비가 설치되어 있지 아니하거나 정상적으로 작동하지 아니한 경우
2. 무기류 또는 위해물품이 숨겨져 있다고 의심되는 경우
3. 엑스선 검색장비에 의한 검색결과 그 내용물을 판독할 수 없는 경우
4. 항공안전 및 보안에 위협이 증가하는 등 특별한 사유가 발생하는 경우

- 공항운영자는 보안검색이 끝난 위탁수하물이 보안검색이 완료되지 아니한 위탁

수하물과 혼재되지 아니하도록 하여야 한다.

- 항공운송사업자는 보안검색이 끝난 위탁수하물을 항공기에 탑재하기 전까지 보호조치를 하여야 하며, 항공기에 탑재된 위탁수하물이 탑승한 승객의 소유인지를 확인하여 그 소유자가 항공기에 탑승하지 아니한 경우에는 그 위탁수하물을 운송해서는 아니 된다. 다만, 그 위탁수하물에 대한 운송처리를 잘못하여 다른 항공기로 운송하여야 할 경우에는 별도의 보안조치를 한 후에 탑재할 수 있다.

화물에 대한 보안검색방법 :

- 여객기에 탑재하는 화물에 대한 항공운송사업자의 보안검색에 대해서는 해당 법률 조항을 준용한다.
  1. 개봉검색
  2. 엑스선 검색장비에 의한 검색
  3. 폭발물 탐지장비 또는 폭발물 흔적탐지장비에 의한 검색
  4. 폭발물 탐지견에 의한 검색
  5. 압력실을 사용한 검색

특별 보안검색방법 :

- 공항운영자는 의료보조장치를 착용한 장애인, 임산부 또는 중환자 등 국토해양부장관이 인정하는 사람에 대해서는 보안검색 장소 외의 별도의 장소에서 보안검색을 할 수 있다.
- 공항운영자는 다음의 요건을 모두 갖춘 외교행낭에 대해서는 개봉검색을 하여서는 아니 된다.
  1. 외교행낭은 외교신서사(外交信書使)의 신분을 증명할 수 있는 공문서 및 외교행낭의 수를 표시한 공문서를 소지한 사람과 함께 운송될 것
  2. 외교행낭의 외부에 외교행낭임을 알아볼 수 있는 표지와 국가표시가 있을 것
- 공항운영자 또는 항공운송사업자는 다음의 어느 하나에 해당하는 것에 대해서는 개봉검색을 하거나 증명서류 확인 등의 방법으로 보안검색을 할 수 있다.
  1. 골수 · 혈액 등 인명구조용 의료품

2. 유골, 유해
3. 이식용 장기
4. 살아있는 동물
5. 규정한 사항 외에 검색장비 등에 의하여 보안검색을 하는 경우 본래의 형질이 손상되거나 변질될 수 있는 것 등으로서 국토해양부장관의 허가를 받은 것

보안검색의 면제 :

1. 공무로 국외여행을 하는 국가원수
2. 국제협약 등에 따라 보안검색을 면제받도록 되어 있는 사람

보안검색이 끝나지 아니한 사람 등에 대한 조치 :

– 공항운영자 및 항공운송사업자는 보안검색이 끝나지 아니한 승객 · 휴대물품 · 위탁수화물 및 화물이 보안검색이 끝난 지역으로 혼입되지 아니하도록 하여야 한다.

– 항공운송사업자는 통과 승객이 지정항공기를 탑승하지 아니하고 통과 지역을 무단으로 벗어나지 아니하도록 하여야 한다.

제17조의2(상용화주) ① 국토해양부장관은 검색장비, 항공보안검색요원 등 국토해양부령으로 정하는 기준을 갖춘 화주(貨主) 또는 항공화물을 포장하여 보관 및 운송하는 자를 지정하여 항공화물 및 우편물에 대하여 보안검색을 실시하게 할 수 있다.

② 국토해양부장관은 제1항에 따라 지정된 자[이하 "상용화주"(상용화주)라 한다]가 준수하여야 할 화물보안통제절차 등에 관한 항공화물보안기준을 정하여 고시하여야 한다.

③ 항공운송사업자는 상용화주가 보안검색을 한 항공화물 및 우편물에 대하여 보안검색을 아니할 수 있다.

④ 상용화주의 지정절차 등에 관하여 필요한 사항은 국토해양부령으로 정한다.

상용화주의 지정기준 :

1. 다음에 해당하는 검색장비를 갖출 것
   가. 여객기에 탑재하는 화물의 보안검색을 위한 엑스선 검색장비
   나. 화물기에 탑재하는 화물의 보안검색을 검색장비로 하는 경우에는 엑스선 검색장비, 폭발물 탐지장비 또는 폭발물 흔적탐지장비
2. 항공보안검색요원을 2명 이상 확보할 것
3. 항공화물의 보안을 위해 다음의 시설을 모두 갖출 것
   가. 화물을 포장 또는 보관할 수 있는 시설로서 일반구역과 분리되어 항공화물에 대한 보안통제가 이루어질 수 있는 시설
   나. 보안검색이 완료된 항공화물이 완료되지 않은 항공화물과 섞이지 않도록 분리할 수 있는 시설
4. 상용화주 지정 신청일 이전 6개월 이내의 기간 중 총 24회 이상 항공화물을 운송 의뢰한 실적이 있을 것
5. 그 밖에 국토해양부장관이 정하여 고시하는 항공화물 보안기준에 적합할 것

제17조의3(상용화주의 지정취소) ① 국토해양부장관은 상용화주가 다음 각 호의 어느 하나에 해당하는 경우 그 지정을 취소할 수 있다.

1. 제17조의2제1항의 지정기준에 미달하게 된 경우
2. 제17조의2제2항의 항공화물보안기준을 위반하여 업무를 수행한 경우

② 국토해양부장관은 제1항 각 호의 사항이 발생한 경우에 즉시 항공운송사업자에게 통보하여 항공운송사업자가 보안검색을 하도록 조치하여야 한다.

③ 상용화주 지정취소의 절차 등에 관하여 필요한 사항은 국토해양부령으로 정한다.

제18조(기내식 등의 통제) ① 항공운송사업자는 제21조에 따른 위해물품이 기내식(機內食)이나 기내 저장품을 이용하여 항공기 내로 유입되는 것을

방지하기 위하여 필요한 조치를 하여야 한다.

② 기내식 및 기내 저장품 유입 · 유출의 통제에 대한 세부 사항은 국토해양부령으로 정한다.

기내식 통제 규정 :

- 항공운송사업자는 위해물품이 기내식 또는 기내저장품을 이용하여 기내로 유입되지 아니하도록 기내식 또는 기내저장품을 운반하는 사람 · 차량 및 기내식 제조시설에 대하여 보안대책을 수립하여야 한다.
- 항공운송사업자는 다음에 해당하는 경우에는 기내식 또는 기내저장품 등이 기내로 유입되게 하여서는 아니 된다.
  1. 외부의 침입흔적이 있는 경우
  2. 항공운송사업자가 지정한 사람에 의하여 검사 · 확인되지 아니한 경우
  3. 기내식 용기 등에 위해물품이 들어있다고 의심이 되는 경우

제19조(보안검색 실패 등에 대한 대책) ① 공항운영자, 항공운송사업자 및 화물터미널운영자는 다음 각 호의 사항이 발생한 경우에는 즉시 국토해양부장관에게 보고하여야 한다.

1. 검색장비가 정상적으로 작동되지 아니한 상태로 검색을 하였거나 검색이 미흡한 사실을 알게 된 경우
2. 허가받지 아니한 사람 또는 물품이 보호구역으로 들어간 경우
3. 그 밖에 항공안전 및 보안에 우려가 있는 것으로서 국토해양부령으로 정하는 사항

② 국토해양부장관은 제1항에 따른 보고를 받은 경우 해당 항공기가 도착하는 국가의 관련 기관에 그 사실을 즉시 통보하여야 한다.

③ 국토해양부장관은 다른 국가로부터 제1항 각 호의 어느 하나에 해당하는 사항을 통보받은 경우에는 해당 항공기를 격리계류장으로 유도하여 보안검색 등 안전조치를 하여야 한다.

제20조(비행 서류의 안전 및 보안관리 절차 등) ① 항공운송사업자는 탑승권, 수하물 꼬리표 등 비행 서류에 대한 안전 및 보안관리 대책을 수립·시행하여야 한다.

② 비행 서류의 안전 및 보안관리를 위한 세부 사항은 국토해양부령으로 정한다.

비행 서류의 안전 및 보안관리 :

1. 비행 서류의 취급절차 등 안전 및 보안관리를 위한 지침을 마련할 것
2. 비행 서류의 안전 및 보안관리를 위한 보안담당자 및 취급자를 지정할 것
3. 비행 서류의 보관장소를 지정할 것

- 항공운송사업자는 탑승권·수하물꼬리표·승객탑승명세서·화물탑재명세서·위험물보고서·무기운송 보고서 등 비행 서류를 작성한 날부터 1년 이상 보존하여야 한다.
- 비행 서류를 보존할 때 컴퓨터 등의 정보처리장치에 의하여 생산·관리되는 기록정보 자료로 보존할 수 있다.

제4장 항공기 내의 안전 및 보안

제21조(무기 등 위해물품 휴대 금지) ① 누구든지 항공기에 무기[탄저균(炭疽菌), 천연두균 등의 생화학무기를 포함한다], 도검류(刀劍類), 폭발물, 독극물 또는 연소성이 높은 물건 등 국토해양부장관이 정하여 고시하는 위해 물품을 가지고 들어가서는 아니 된다.

② 제1항에도 불구하고 경호업무, 범죄인 호송업무 등 대통령령으로 정하는 특정한 직무를 수행하기 위하여 대통령령으로 정하는 무기의 경우에는 국토해양부장관의 허가를 받아 항공기에 가지고 들어갈 수 있다.

③ 제2항에 따라 항공기에 무기를 가지고 들어가려는 사람은 탑승 전에 이를 해당 항공기의 기장에게 보관하게하고 목적지에 도착한 후 반환받아야 한다. 다만, 제14조제2항에 따라 항공기 내에 탑승한 항공기내보안요

원은 그러하지 아니하다.

④ 항공기 내에 제2항에 따른 무기를 반입하고 입국하려는 항공안전 및 보안에 관한 업무를 수행하는 외국인 또는 외국국적 항공운송사업자는 항공기 출발 전에 국토해양부장관으로부터 미리 허가를 받아야 한다.

⑤ 제2항 및 제4항에 따른 항공기 내 무기 반입 허가절차 등에 관하여 필요한 사항은 국토해양부령으로 정한다.

기내 무기 반입 허가절차 :

항공기 내에 무기를 가지고 들어가려는 사람은 항공기 탑승 최소 3일 전에 국토해양부장관에게 신청하여야 한다. 다만, 긴급한 경호 업무 및 범죄인 호송업무는 탑승 전까지 그 사실을 유선 등으로 미리 통보하여야 하고, 항공기 탑승 후 3일 이내에 서면으로 제출하여야 한다.

1. 무기 반입자의 성명
2. 무기 반입자의 주민등록번호
3. 무기 반입자의 여권번호(외국인만 해당한다)
4. 항공기의 탑승일자 및 편명
5. 무기 반입 사유
6. 무기의 종류 및 수량
7. 그 밖에 기내 무기반입에 필요한 사항

제22조(기장 등의 권한) ① 기장이나 기장으로부터 권한을 위임받은 승무원(이하 "기장 등"이라 한다) 또는 승객의 항공기 탑승 관련 업무를 지원하는 항공운송사업자 소속 직원 중 기장의 지원요청을 받은 사람은 다음 각 호의 어느 하나에 해당하는 행위를 하려는 사람에 대하여 그 행위를 저지하기 위한 필요한 조치를 할 수 있다.

1. 항공기의 안전을 해치는 행위
2. 인명이나 재산에 위해를 주는 행위
3. 항공기 내의 질서를 어지럽히거나 규율을 위반하는 행위

② 항공기 내에 있는 사람은 제1항에 따른 조치에 관하여 기장 등의 요청이 있으면 협조하여야 한다.
③ 기장 등은 제1항 각 호의 행위를 한 사람을 체포한 경우에 항공기가 착륙하였을 때에는 체포된 사람이 그 상태로 계속 탑승하는 것에 동의하거나 체포된 사람을 항공기에서 내리게 할 수 없는 사유가 있는 경우를 제외하고는 체포한 상태로 이륙하여서는 아니 된다.
④ 기장으로부터 권한을 위임받은 승무원 또는 승객의 항공기 탑승 관련 업무를 지원하는 항공운송사업자 소속직원 중 기장의 지원요청을 받은 사람이 제1항에 따른 조치를 할 때에는 기장의 지휘를 받아야 한다.

제23조(승객의 안전유지 협조의무) ① 항공기 내에 있는 승객은 항공기와 승객의 안전한 운항과 여행을 위하여 다음 각 호의 어느 하나에 해당하는 행위를 하여서는 아니 된다.

1. 폭언, 고성방가 등 소란행위
2. 흡연(흡연구역에서의 흡연은 제외한다)
3. 술을 마시거나 약물을 복용하고 다른 사람에게 위해를 주는 행위
4. 다른 사람에게 성적(性的) 수치심을 일으키는 행위
5. 「항공법」 제61조의2를 위반하여 전자기기를 사용하는 행위
6. 기장의 승낙 없이 조종실 출입을 기도하는 행위

② 승객은 항공기의 안전이나 운항을 저해하는 폭행 · 협박 · 위계행위(危計行爲)를 하거나 출입문 · 탈출구 · 기기의 조작을 하여서는 아니 된다.
③ 승객은 항공기가 착륙한 후 항공기에서 내리지 아니하고 항공기를 점거하거나 항공기 내에서 농성하여서는 아니 된다.
④ 항공기 내의 승객은 항공기의 안전이나 운항을 저해하는 행위를 금지하는 기장등의 정당한 직무상 지시에 따라야 한다.
⑤ 항공운송사업자는 금연 등 항공기와 승객의 안전한 운항과 여행을 위한 규제로 인하여 승객이 받는 불편을 줄일 수 있는 방안을 마련하여야 한다.

⑥ 기장등은 승객이 항공기 내에서 제1항제1호부터 제5호까지의 어느 하나에 해당하는 행위를 하거나 할 우려가 있는 경우 이를 중지하게 하거나 하지 말 것을 경고하여 사전에 방지하도록 노력하여야 한다.
⑦ 항공운송사업자는 다음 각 호의 어느 하나에 해당하는 사람에 대하여 탑승을 거절할 수 있다.

1. 제15조 또는 제17조에 따른 보안검색을 거부하는 사람
2. 음주로 인하여 소란행위를 하거나 할 우려가 있는 사람
3. 항공안전 및 보안에 관한 업무를 담당하는 국내외 국가기관 또는 국제기구 등으로부터 항공기 안전운항을 해칠 우려가 있어 탑승을 거절할 것을 요청받거나 통보받은 사람
4. 그 밖에 항공기 안전운항을 해칠 우려가 있어 국토해양부령으로 정하는 사람

⑧ 누구든지 공항에서 보안검색 업무를 수행 중인 항공보안검색요원 또는 보호구역에의 출입을 통제하는 사람에 대하여 업무를 방해하는 행위 또는 폭행 등 신체에 위해를 주는 행위를 하여서는 아니 된다.

탑승거절 대상자 :

항공운송사업자는 다음의 어느 하나에 해당하는 사람에 대하여 탑승을 거절할 수 있다.

1. 항공운송사업자의 승객의 안전 및 항공기의 보안을 위하여 필요한 조치를 거부한 사람
2. 승객 및 승무원 등에게 위해를 가할 우려가 있는 사람
3. 흡연구역이 아닌 곳에서 흡연한 사람
4. 기장 등의 정당한 직무상 지시를 따르지 아니한 사람
5. 탑승권 발권 등 탑승수속 시 위협적인 행동, 공격적인 행동, 욕설 또는 모욕을 주는 행위 등을 하는 사람으로서 다른 승객의 안전 및 항공기의 안전운항을 해칠 우려가 있는 사람

– 항공운송사업자가 탑승을 거절하는 경우에는 그 사유를 탑승이 거절되는 사람

에게 고지하여야 한다.

제24조(수감 중인 사람 등의 호송) ① 사법경찰관리 또는 법 집행 권한이 있는 공무원은 항공기를 이용하여 피의자, 피고인, 수형자(受刑者), 그 밖에 기내 안전에 위해를 일으킬 우려가 있는 사람(이하 이 조에서 "호송대상자"라 한다)을 호송할 경우에는 미리 해당 항공운송사업자에게 통보하여야 한다.
② 제1항에 따른 통보사항에는 호송대상자의 인적사항, 호송 이유, 호송방법 및 호송 안전조치 등에 관한 사항이 포함되어야 한다.
③ 제1항에 따라 통보를 받은 항공운송사업자는 호송대상자가 항공기, 승무원 및 승객의 안전에 위협이 된다고 판단되는 경우에는 사법경찰관리 등 호송 공무원에게 적절한 안전조치를 요구할 수 있다.
④ 호송대상자의 호송방법, 호송조건 등에 관하여 필요한 사항은 국토해양부령으로 정한다.

수감 중인 사람 등에 대한 호송방법 등 :

- 항공운송사업자는 호송대상자가 탑승하는 항공기의 기장에게는 호송사실을, 호송대상자를 호송하는 사법경찰관리 또는 법 집행 권한이 있는 공무원에게는 호송대상자의 좌석 및 안전조치 요구사항 등을 각각 통보하여야 한다.
- 항공운송사업자는 호송대상자가 항공기에 탑승하는 경우 승객의 안전을 위하여 다음의 필요한 조치를 하여야 한다.
  1. 호송대상자의 탑승절차를 별도로 마련할 것
  2. 호송대상자의 좌석은 승객의 안전에 위협이 되지 아니하도록 배치할 것
  3. 호송대상자에게 술을 제공하지 아니할 것
  4. 호송대상자에게 철제 식기류를 제공하지 아니할 것

제25조(범인의 인도 · 인수) ① 기장 등이 항공기 내에서 죄를 범한 범인을 인도할 때에는 직접 또는 해당 관계 기관 공무원을 통하여 해당 공항을

관할하는 국가경찰관서에 인도하여야 한다.
② 기장 등이 다른 항공기 내에서 죄를 범한 범인을 인수한 경우에 그 항공기 내에서 구금을 계속할 수 없을 때에는 직접 또는 해당 관계 기관 공무원을 통하여 해당 공항을 관할하는 국가경찰관서에 지체 없이 인도하여야 한다.
③ 제1항 및 제2항에 따라 범인을 인도받은 국가경찰관서의 장은 범인에 대한 처리 결과를 지체 없이 해당 항공 운송사업자에게 통보하여야 한다.

제26조(예비조사) ① 국가경찰관서의 장은 제25조제1항 및 제2항에 따라 범인을 인도받은 경우에는 범행에 대한 범인의 조사, 증거물의 제출요구 또는 증인에 대한 진술확보 등 예비조사를 할 수 있다.
② 국가경찰관서의 장은 제1항에 따른 예비조사를 하는 경우에 해당 항공기의 운항을 부당하게 지연시켜서는 아니 된다.

제5장 항공안전 보안장비 등

제27조(항공안전 보안장비) ① 공항운영자, 항공운송사업자, 화물터미널운영자 및 상용화주는 국토해양부장관이 고시하는 항공안전 보안장비를 사용하여야 한다.
② 국토해양부장관은 항공안전 보안장비의 종류, 성능 및 운영방법 등에 관한 기준을 정하여 고시하여야 한다.

제28조(교육훈련 등) ① 국토해양부장관은 항공안전 및 보안에 관한 업무 수행자의 교육에 필요한 사항을 정하여야한다.
② 보안검색 업무를 감독하거나 수행하는 사람은 국토해양부장관이 지정한 교육기관에서 검색방법, 검색절차, 검색장비의 운용, 그 밖에 보안검색에 필요한 교육훈련을 이수하여야 한다.
③ 제2항에 따른 교육기관으로 지정받으려는 자가 갖추어야 하는 시설·

장비 및 인력 등의 지정기준에 대하여는 국토해양부령으로 정한다.
④ 국토해양부장관은 교육기관으로 지정받은 자가 다음 각 호의 어느 하나에 해당하는 경우에는 그 지정을 취소할 수 있다. 다만, 제1호에 해당하면 지정을 취소하여야 한다.

1. 거짓이나 그 밖의 부정한 방법으로 교육기관의 지정을 받은 경우
2. 제3항의 지정기준에 미달하게 된 경우. 다만, 일시적으로 지정기준에 미달하게 되어 3개월 내에 지정기준을 다시 갖춘 경우에는 그러하지 아니하다.
3. 교육의 전 과정을 2년 이상 운영하지 아니한 경우

⑤ 교육기관의 지정이나 교육훈련에 관하여 필요한 사항은 국토해양부장관이 정한다.

제29조(검색 기록의 유지) 공항운영자 및 항공운송사업자 또는 보안검색을 위탁받은 검색업체는 검색요원의 업무, 현장교육훈련 기록 등의 보안검색에 관한 기록을 국토해양부령으로 정하는 바에 따라 작성 · 유지하여야 한다.

제6장 항공안전 위협에 대한 대응

제30조(항공안전을 위협하는 정보의 제공) ① 국토해양부장관은 항공안전을 해치는 정보를 알게 되었을 때에는 관련 행정기관, 국제민간항공기구, 해당 항공기 등록국가의 관련 기관 및 항공기 소유자 등에 그 정보를 제공하여야한다.
② 제1항에 따른 정보 제공의 절차 및 협력사항 등에 관한 세부 사항은 국토해양부령으로 정한다.

제31조(우발계획의 수립) ① 공항운영자등은 민간항공의 안전 및 보안에 위협을 주는 불법행위에 대응하기 위하여 행동요령, 통신체제 구축 및 교

육훈련 등을 포함한 우발계획을 수립·시행하여야 한다.
② 제1항에 따라 우발계획을 수립하는 경우에는 국토해양부장관의 승인을 받아야 한다.
③ 제1항 및 제2항에 따른 우발계획의 구체적인 내용, 수립기준 및 승인절차 등에 관하여 필요한 사항은 국토해양부령으로 정한다.

공항운영자 등의 우발계획수립 :

- 공항운영자 등이 수립하는 우발계획에는 다음의 구분에 따른 사항이 포함되어야 한다.
  1. 공항운영자의 우발계획
     가. 관련 행정기관의 역할
     나. 공항시설 위협시의 대응대책
     다. 항공기 납치시의 대응대책
     라. 폭발물 또는 생화학무기 위협시의 대응대책
  2. 항공운송사업자의 우발계획
     가. 공항시설 위협시의 대응대책
     나. 항공기납치 방지대책
     다. 폭발물 또는 생화학무기 위협시의 대응대책
  3. 항공기취급업체, 항공기정비업체, 공항상주업체의 우발계획
     가. 공항시설 위협시의 대응대책
     나. 폭발물 또는 생화학무기 위협시의 대응대책

제32조(안전조치) 국토해양부장관은 민간항공에 대한 위협에 신속한 대응이 필요한 경우에는 공항운영자등에 대하여 필요한 조치를 할 수 있다.

항공기 안전조치 :

- 항공운송사업자는 여객기의 보안 및 안전강화 등을 위하여 조종실 출입문에 다음의 안전조치를 하여야 한다.

1. 조종실 출입통제 절차를 마련할 것
2. 객실에서 조종실 출입문을 임의로 열 수 없는 견고한 잠금장치를 설치할 것
3. 조종실 출입문열쇠 보관방법을 정할 것
4. 운항중에는 조종실 출입문을 잠글 것
5. 국토해양부장관이 안전 조치한 항공안전 보안시설을 설치할 것

- 항공운송사업자는 승객의 안전 및 항공기의 보안을 위하여 매 비행 전에 다음의 보안점검을 하여야 한다.

1. 항공기의 외부 점검
2. 객실, 좌석, 화장실 및 조종실 등에 대한 점검
3. 항공기의 정비 및 서비스 업무 감독
4. 항공기에 대한 출입 통제
5. 위탁수하물, 화물 및 물품 등의 선적 감독
6. 승무원 휴대물품에 대한 보안조치
7. 특정 직무수행자 및 항공기내보안요원의 좌석 확인 및 안전조치
8. 보안 통신신호 절차 및 방법
9. 비행 정보의 검토 및 확인
10. 기장의 객실승무원에 대한 통제, 명령 절차 및 확인

- 항공운송사업자는 항공기에 대한 출입통제를 위하여 다음에 대한 대책을 수립하여야 한다.

1. 탑승계단의 관리
2. 탑승교 출입통제
3. 항공기 출입문 보안조치
4. 경비요원의 배치

제33조(항공보안 감독) ① 국토해양부장관은 소속 공무원을 항공보안 감독관으로 지정하여 항공안전 및 보안에 관한 점검업무를 수행하게 하여야 한다.

② 국토해양부장관은 대통령령으로 정하는 경우에 해당할 때에는 관계

행정기관과 합동으로 공항 및 항공기 보호상태에 대하여 현장점검을 할 수 있으며, 공항운영자등에 대하여 개선에 필요한 시정조치와 그 밖의 보호대책수립을 명할 수 있다.
③ 제1항 또는 제2항에 따라 점검을 하는 경우에는 점검 7일 전까지 점검일시, 점검이유 및 점검내용 등에 대한 점검계획을 점검 대상자에게 통지하여야 한다. 다만, 긴급한 경우 또는 사전에 통지하면 증거인멸 등으로 점검 목적을 달성할 수 없다고 인정하는 경우에는 그러하지 아니하다.
④ 항공보안 감독관은 항공안전 및 보안에 관한 점검업무 수행을 위하여 필요한 경우에는 항공기 및 공항시설에 출입하여 검사할 수 있다.
⑤ 제1항, 제2항 및 제4항에 따라 점검을 하는 공무원은 그 권한을 표시하는 증표를 지니고 이를 관계인에게 보여주어야 한다.
⑥ 제1항에 따른 항공보안 감독관의 지정 · 운영 및 점검업무 등에 대한 세부 사항은 국토해양부령으로 정한다.

감독관 운영 :

- 감독관은 국토해양부장관의 명에 따라 공항운영자등의 항공안전 및 보안에 관한 업무를 점검하여야 한다.
- 감독관이 항공 보안 점검을 하는 경우에는 공항운영자등의 정상적인 업무수행을 방해하여서는 아니 된다.
- 감독관은 점검결과 항공안전 및 보안에 관한 법령에 위반한 사실을 발견한 때에는 지체 없이 국토해양부장관에게 보고하여야 한다. 다만, 긴급한 조치가 필요한 때에는 현장조치 지시를 하고 국토해양부장관에게 보고하여야 한다.
- 감독관의 지정 · 운영 및 점검활동 등의 필요한 사항은 국토해양부장관이 정한다.

제8장 벌 칙

제39조(항공기 파손죄) ① 운항중인 항공기의 안전을 해칠 정도로 항공기를 파손한 사람(「항공법」 제157조제1항에 해당하는 사람은 제외한다)은

사형, 무기징역 또는 5년 이상의 징역에 처한다.
② 계류 중인 항공기의 안전을 해칠 정도로 항공기를 파손한 사람은 7년 이하의 징역에 처한다.

제40조(항공기 납치죄 등) ① 폭행, 협박 또는 그 밖의 방법으로 항공기를 강탈하거나 그 운항을 강제한 사람은 무기 또는 7년 이상의 징역에 처한다.
② 제1항의 죄를 범하여 사람을 사상(死傷)에 이르게 한 사람은 사형 또는 무기징역에 처한다.
③ 제1항의 미수범은 처벌한다.
④ 제1항 또는 제2항의 죄를 범할 목적으로 예비 또는 음모한 사람은 5년 이하의 징역에 처한다. 다만, 그 목적한 죄를 실행에 옮기기 전에 자수한 사람에 대하여는 그 형을 감경하거나 면제할 수 있다.

제41조(항공시설 파손죄) 항공기 운항과 관련된 항공시설을 파손하거나 조작을 방해함으로써 항공기의 안전운항을 해친 사람(「항공법」 제156조에 해당하는 사람은 제외한다)은 2년 이상의 유기징역에 처한다.

제42조(항공기 항로 변경죄) 위계 또는 위력으로써 운항중인 항공기의 항로를 변경하게 하여 정상 운항을 방해한 사람은 1년 이상 10년 이하의 징역에 처한다.

제43조(직무집행방해죄) 폭행 · 협박 또는 위계로써 기장 등의 정당한 직무집행을 방해하여 항공기와 승객의 안전을 해친 사람은 10년 이하의 징역에 처한다.

제44조(항공기 위험물건 탑재죄) 제21조를 위반하여 휴대 또는 탑재가 금지된 물건을 항공기에 휴대 또는 탑재하거나 다른 사람으로 하여금 휴대

또는 탑재하게 한 사람은 2년 이상 5년 이하의 징역에 처한다.

제45조(공항운영 방해죄) 거짓된 사실의 유포, 폭행, 협박 및 위계로써 공항운영을 방해한 사람은 5년 이하의 징역 또는 3천만원 이하의 벌금에 처한다.

제46조(항공기 안전운항 저해 폭행죄 등) 제23조제2항을 위반한 사람은 5년 이하의 징역에 처한다.

제47조(항공기 점거 및 농성죄) 제23조제3항을 위반하여 항공기를 점거하거나 항공기 내에서 농성한 사람은 3년 이하의 징역 또는 2천만원 이하의 벌금에 처한다.

제48조(운항 방해정보 제공죄) 항공운항을 방해할 목적으로 거짓된 정보를 제공한 사람은 3년 이하의 징역 또는 2천만원 이하의 벌금에 처한다.

제49조(벌칙) 제23조제1항제6호를 위반하여 조종실 출입을 기도하는 행위를 하거나 같은 조 제4항을 위반하여 기장등의 지시에 따르지 아니한 사람은 1년 이하의 징역 또는 1천만원 이하의 벌금에 처한다.

제50조(벌칙) ① 다음 각 호의 어느 하나에 해당하는 자는 1천만원 이하의 벌금에 처한다.

1. 제10조제2항을 위반하여 자체 보안계획을 수립하지 아니하거나 승인을 받지 아니한 자
2. 제15조 또는 제17조제2항을 위반하여 보안검색 업무를 하지 아니하거나 소홀히 한 자
3. 제23조제8항을 위반하여 항공보안검색요원의 보안검색을 방해한 사람

4. 제32조에 따른 안전조치를 따르지 아니한 자
5. 제33조제2항에 따른 보안 개선 조치를 이행하지 아니한 자
6. 제35조에 따른 시정명령 등의 조치를 이행하지 아니한 자

② 기장 등의 사전 경고에도 불구하고 운항중인 항공기 내에서 제23조 제1항 제1호부터 제5호까지의 규정에 따른 위반행위를 한 사람은 500만원 이하의 벌금에 처한다.

③ 기장등의 사전 경고에도 불구하고 계류 중인 항공기 내에서 제23조제1항 제1호부터 제5호까지의 규정에 따른 위반행위를 한 사람은 200만원 이하의 벌금에 처한다.

④ 제13조제1항을 위반하여 공항운영자의 허가를 받지 아니하고 보호구역에 출입한 사람은 100만원 이하의 벌금에 처한다.

제51조(과태료) ① 다음 각 호의 어느 하나에 해당하는 자에게는 1천만원 이하의 과태료를 부과한다.

1. 제17조제1항을 위반하여 통과 승객이나 환승 승객에게 휴대물품을 가지고 내리도록 조치하지 아니한 항공운송사업자
2. 제29조를 위반하여 검색 기록 유지의 의무를 위반한 자

② 제17조제1항에 따른 항공운송사업자의 지시에도 불구하고 휴대물품을 가지고 내리지 아니한 사람에게는 100만원 이하의 과태료를 부과한다.

③ 제1항 및 제2항에 따른 과태료는 국토해양부장관이 부과 · 징수한다.

항공법

항공법

본 법률은 항공기, 항공시설, 비행관리, 항공기 정비, 항공사 객실승무원을 포함한 항공종사자 등 항공기의 안전한 운항을 위한 모든 사항을 총 망라하여 다루고 있다.
그 중에서 공항시설, 항공기준사고의 범위, 항공기의 등록, 항공기 종사자의 자격증명, 비행제한, 항공기의 국적 및 등록부호, 항공일지, 항공기에 장비하여야 할 구급용구, 승객 및 승무원의 좌석, 항공기에 탑재하는 서류, 산소저장 및 분배장치, 항공 계기장치, 제빙 방빙 장치, 사고예방 장치, 항공기의 연료, 항공기의 등불, 운항승무원의 조건, 운항승무원의 승무시간 및 휴식시간 기준. 객실승무원의 비행근무시간 및 휴식시간 기준, 주정음료 등의 섭취 또는 사용적발보고서, 항공안전의무보고서, 기장의 권한, 기장의 출발 전 확인사항, 운항관리사, 이·착륙 장소, 비행규칙, 항공기 지상 이동, 순항고도, 통행의 우선순위, 비행계획, 비행 중 금지행위, 위험물 운송, 위험물 포장 및 용기의 검사, 전자기기의 사용제한, 항공교통업무, 항공정보, 승무원의 탑승, 비행장의 설치기준, 항공통신업무, 공항시설에서의 금지행위, 운항규정 및 정비규정, 운임과 요금의 인가기준 등 항공기 운항 및 안전, 항공사 객실승무원 관련 법률을 주로 다루고자 한다.
항공사 객실승무원이 승객의 안전을 책임지기 위한 안전업무 이행의 의무와 승무원으로서 지켜져야 할 안전에 대한 권리를 확보하기 위해 알아야 할 법률들로 구성되어 있으므로 객실 안전과 객실승무원의 비행 관련 법률들은 반드시 숙지 후 비행하여야 한다.

제1장 총 칙

제1조(목적) 이 법은 「국제민간항공조약」 및 같은 조약의 부속서(附屬書)에서 채택된 표준과 방식에 따라 항공기가 안전하게 항행(航行)하기 위한 방법을 정하고, 항공시설을 효율적으로 설치·관리하도록 하며, 항공운송사업의 질서를 확립함으로써 항공의 발전과 공공복리의 증진에 이바지함을 목적으로 한다.

제2조(정의) 이 법에서 사용하는 용어의 뜻은 다음과 같다.

1. "항공기"란 비행기, 비행선, 활공기(滑空機), 회전익(回轉翼)항공기, 그 밖에 대통령령으로 정하는 것으로서 항공에 사용할 수 있는 기기(機器)를 말한다.

2. "국가기관등항공기"란 국가, 지방자치단체, 그 밖에 「공공기관의 운영에 관한 법률」에 따른 공공기관으로서 대통령령으로 정하는 공공기관(이하 "국가기관등"이라 한다)이 소유하거나 임차(賃借)한 항공기로서 다음 각목의 어느 하나에 해당하는 업무를 수행하기 위하여 사용되는 항공기를 말한다. 다만, 군용 · 경찰용 · 세관용 항공기는 제외한다.
   가. 재난 · 재해 등으로 인한 수색(搜索) · 구조
   나. 산불의 진화 및 예방
   다. 응급환자의 후송 등 구조 · 구급활동
   라. 그 밖에 공공의 안녕과 질서유지를 위하여 필요한 업무
3. "항공업무"란 다음 각 목의 어느 하나에 해당하는 것을 말한다.
   가. 항공기에 탑승하여 하는 항공기의 운항(항공기 조종연습은 제외한다)
   나. 항공교통관제(航空交通管制)
   다. 운항 관리 및 무선설비의 조작(操作)
   라. 정비 · 수리 · 개조(이하 "정비등"이라 한다)된 항공기 · 발동기 · 프로펠러(이하 "항공기등"이라 한다), 장비품 또는 부품에 대하여 제22조에 따라 안전성 여부를 확인하는 업무
4. "항공종사자"란 제25조제1항에 따른 항공종사자 자격증명을 받은 사람을 말한다.
5. "객실승무원"이란 항공기에 탑승하여 비상시 승객을 탈출시키는 등 안전업무를 수행하는 승무원을 말한다.
6. "비행장"이란 항공기의 이륙[이수(離水)를 포함한다. 이하 같다] · 착륙[착수(着水)를 포함한다. 이하 같다]을 위하여 사용되는 육지 또는 수면(水面)의 일정한 구역으로서 대통령령으로 정하는 것을 말한다.
7. "공항"이란 공항시설을 갖춘 공공용 비행장으로서 국토해양부장관이 그 명칭 · 위치 및 구역을 지정 · 고시한 것을 말한다.

8. "공항시설"이란 항공기의 이륙 · 착륙 및 여객 · 화물의 운송을 위한 시설과 그 부대시설 및 지원시설로서 공항구역에 있는 시설과 공항구역 밖에 있는 시설 중 대통령령으로 정하는 시설로서 국토해양부장관이 지정한 시설을 말한다.
9. "공항구역"이란 공항으로 사용되고 있는 지역과 공항의 확장 또는 신설을 목적으로 「국토의 계획 및 이용에 관한 법률」 제30조 및 제43조에 따라 도시계획시설로 결정되어 국토해양부장관이 공항개발예정구역으로 고시한 지역을 말한다.
10. "공항개발사업"이란 이 법에 따라 시행하는 공항시설의 신설 · 증설 · 정비 또는 개량에 관한 사업을 말한다.
11. "착륙대"란 활주로와 항공기가 활주로를 이탈하는 경우 항공기와 탑승자의 피해를 줄이기 위하여 활주로 주변에 설치하는 안전지대로서 국토해양부령으로 정하는 길이와 폭으로 이루어지는 활주로 중심선에 중심을 두는 직사각형의 지표면 또는 수면을 말한다.
12. "비행정보구역"이란 항공기의 안전하고 효율적인 비행과 항공기의 수색 또는 구조에 필요한 정보를 제공하기 위한 공역(空域)으로서 「국제민간항공조약」 및 같은 조약 부속서에 따라 국토해양부장관이 그 명칭, 수직 및 수평 범위를 지정 · 공고한 공역을 말한다.
13. "항공기사고"란 사람이 항공기에 비행을 목적으로 탑승한 때부터 탑승한 모든 사람이 항공기에서 내릴 때까지 항공기의 운항과 관련하여 발생한 다음 각 목의 어느 하나에 해당하는 것을 말한다.
    가. 사람의 사망 · 중상(重傷) 또는 행방불명
    나. 항공기의 중대한 손상 · 파손 또는 구조상의 고장
    다. 항공기의 위치를 확인할 수 없거나 항공기에 접근이 불가능한 경우
14. "항공기준사고(航空機準事故)"란 항공기사고 외에 항공기사고로 발전할 수 있었던 것으로서 국토해양부령으로 정하는 것을 말한다.
15. "항공안전장애"란 항공기사고, 항공기준사고 외에 항공기 운항 및

항행안전시설과 관련하여 항공안전에 영향을 미치거나 미칠 우려가 있었던 것으로서 국토해양부령으로 정하는 것을 말한다.

16. “장애물 제한표면”이란 항공기의 안전운항을 위하여 비행장 주변에 장애물(항공기의 안전운항을 방해하는 지형 · 지물 등을 말한다)의 설치 등이 제한되는 표면으로서 대통령령으로 정하는 것을 말한다.
17. “항행안전시설”이란 유선통신, 무선통신, 불빛, 색채 또는 형상(形象)을 이용하여 항공기의 항행을 돕기 위한 시설로서 국토해양부령으로 정하는 시설을 말한다.
18. “항공등화”란 불빛을 이용하여 항공기의 항행을 돕기 위한 항행안전시설로서 국토해양부령으로 정하는 시설을 말한다.
19. “관제권(管制圈)”이란 비행장과 그 주변의 공역으로서 항공교통의 안전을 위하여 국토해양부장관이 지정한 공역을 말한다.
20. “관제구(管制區)”란 지표면 또는 수면으로부터 200미터 이상 높이의 공역으로서 항공교통의 안전을 위하여 국토해양부장관이 지정한 공역을 말한다.
21. “항공로”란 국토해양부장관이 항공기의 항행에 적합하다고 지정한 지구의 표면상에 표시한 공간의 길을 말한다.
22. “시계비행 기상상태”란 항공기가 항행할 때의 가시거리 및 구름 상황을 고려하여 국토해양부령으로 정하는 시계상(視界上) 양호한 기상상태를 말한다.
23. “계기비행 기상상태”란 시계비행(視界飛行) 기상상태 외의 기상상태를 말한다.
24. “계기비행”이란 항공기의 자세 · 고도(高度) · 위치 및 비행방향의 측정을 항공기에 장착된 계기에만 의존하여 비행하는 것을 말한다.
25. “계기비행방식”이란 다음 각 목에 따른 비행방식을 말한다.

가. 관제권에서의 이륙 및 이에 따른 상승비행(上昇飛行)과 착륙

및 이에 선행(先行)하는 강하비행(降下飛行)은 제38조에 따라 국토해양부장관이 지정하는 항공로 또는 제70조제1항에 따라 국토해양부장관이 지시하는 비행로에서 하고, 그 밖의 비행은 제70조제1항에 따라 국토해양부장관이 지시한 방법에 따라 하는 비행 방식

나. 가목에 따른 비행 외의 관제구에서의 비행을 제70조제1항에 따른 국토해양부장관의 지시에 따라 하는 비행방식

26. "경량항공기"란 항공기 외에 비행할 수 있는 것으로서 국토해양부령으로 정하는 타면(舵面)조종형비행기, 체중이동형비행기 및 회전익경량항공기 등을 말한다.

27. "경량항공기사고"란 경량항공기의 비행과 관련하여 발생한 다음 각 목의 어느 하나에 해당하는 것을 말한다.

가. 경량항공기에 의한 사람의 사망 · 중상 또는 행방불명

나. 경량항공기의 추락 · 충돌 또는 화재 발생

다. 경량항공기의 위치를 확인할 수 없거나 경량항공기에 접근이 불가능한 경우

28. "초경량비행장치"란 항공기와 경량항공기 외에 비행할 수 있는 장치로서 국토해양부령으로 정하는 동력비행장치(動力飛行裝置), 인력활공기(人力滑空機), 기구류(氣球類) 및 무인비행장치 등을 말한다.

29. "초경량비행장치사고"란 초경량비행장치(超輕量飛行裝置)의 비행과 관련하여 발생한 다음 각 목의 어느 하나에 해당하는 것을 말한다.

가. 초경량비행장치에 의한 사람의 사망 · 중상 또는 행방불명

나. 초경량비행장치의 추락 · 충돌 또는 화재 발생

다. 초경량비행장치의 위치를 확인할 수 없거나 초경량비행장치에 접근이 불가능한 경우

30. "모의비행장치"란 항공기의 조종실을 모방하여 기계 · 전기 · 전자

장치 등의 통제기능과 비행의 성능 및 특성 등을 실제의 항공기와 동일하게 재현할 수 있게 고안된 장치를 말한다.

31. "항공운송사업"이란 타인의 수요에 맞추어 항공기를 사용하여 유상(有償)으로 여객이나 화물을 운송하는 사업을 말한다.
32. "국내항공운송사업"이란 국토해양부령으로 정하는 일정 규모 이상의 항공기를 이용하여 다음 각 목의 어느 하나에 해당하는 운항을 하는 항공운송사업을 말한다.
    가. 국내 정기편 운항 : 국내공항과 국내공항 사이에 일정한 노선을 정하고 정기적인 운항계획에 따라 운항하는 항공기 운항
    나. 국내 부정기편 운항 : 국내에서 이루어지는 가목 외의 항공기 운항
33. "국제항공운송사업"이란 국토해양부령으로 정하는 일정 규모 이상의 항공기를 이용하여 다음 각 목의 어느 하나에 해당하는 운항을 하는 항공운송사업을 말한다.
    가. 국제 정기편 운항 : 국내공항과 외국공항 사이 또는 외국공항과 외국공항 사이에 일정한 노선을 정하고 정기적인 운항계획에 따라 운항하는 항공기 운항
    나. 국제 부정기편 운항 : 국내공항과 외국공항 사이 또는 외국공항과 외국공항 사이에 이루어지는 가목 외의 항공기 운항
34. "소형항공운송사업"이란 국내항공운송사업 및 국제항공운송사업 외의 항공운송사업을 말한다.
35. "항공기사용사업"이란 항공운송사업 외의 사업으로서 타인의 수요에 맞추어 항공기를 사용하여 유상으로 농약 살포, 건설 또는 사진촬영 등 국토해양부령으로 정하는 업무를 하는 사업을 말한다.
36. "항공기취급업"이란 항공기에 대한 급유(給油), 항공 화물 또는 수하물(手荷物)의 하역(荷役), 그 밖에 정비 등을 제외한 지상조업(地上操業)을 하는 사업을 말한다.
37. "항공기정비업"이란 항공기등, 장비품 또는 부품의 정비 등을 하

는 사업을 말한다.

38. "상업서류 송달업"이란 타인의 수요에 맞추어 유상으로 「우편법」 제2조제2항 단서에 해당하는 수출입 등에 관한 서류와 그에 딸린 견본품을 항공기를 이용하여 송달하는 사업을 말한다.

39. "항공운송 총대리점업"이란 항공운송사업을 경영하는 자를 위하여 유상으로 항공기를 이용한 여객 또는 화물의 국제운송계약 체결을 대리(代理)[여권 또는 사증(査證)을 받는 절차의 대행은 제외한다]하는 사업을 말한다.

40. "도심공항터미널업"이란 공항구역이 아닌 곳에서 항공여객 및 항공화물의 수송 및 처리에 관한 편의를 제공하기 위하여 이에 필요한 시설을 설치 · 운영하는 사업을 말한다.

항공기의 범위 :

"대통령령으로 정하는 것으로서 항공에 사용할 수 있는 기기"란 최대이륙중량, 속도, 좌석 수 등이 국토해양부령으로 정하는 범위를 초과하는 동력비행장치(動力飛行裝置), 지구 대기권 내외를 비행할 수 있는 항공우주선을 말한다.

비행장의 구분 :

대통령령으로 정하는 것으로 육상비행장, 육상헬기장, 수상비행장, 수상헬기장, 옥상헬기장(선상헬기장을 포함한다), 해상구조물헬기장을 말한다.

공항시설의 구분 :

〈기본시설〉

1. 활주로, 유도로, 계류장, 착륙대 등 항공기의 이착륙시설
2. 여객터미널, 화물터미널 등 여객시설 및 화물처리시설
3. 항행안전시설
4. 관제소, 송수신소, 통신소 등의 통신시설
5. 기상관측시설

6. 공항 이용객을 위한 주차시설 및 경비 · 보안시설
7. 이용객에 대한 홍보시설 및 안내시설

〈지원시설〉

1. 항공기 및 지상조업장비의 점검 · 정비 등을 위한 시설
2. 운항관리시설, 의료시설, 교육훈련시설, 소방시설 및 기내식 제조·공급 등을 위한 시설
3. 공항의 운영 및 유지 · 보수를 위한 공항 운영 · 관리시설
4. 공항 이용객 편의시설 및 공항근무자 후생복지시설
5. 공항 이용객을 위한 업무 · 숙박 · 판매 · 위락 · 운동 · 전시 및 관람집회 시설
6. 공항교통시설 및 조경시설, 방음벽, 공해배출 방지시설 등 환경보호시설
7. 상 · 하수도 시설 및 전력 · 통신 · 냉난방 시설
8. 항공기 급유시설 및 유류의 저장 · 관리 시설
9. 항공화물을 보관하기 위한 창고시설
10. 공항의 운영 · 관리와 항공운송사업 및 이와 관련된 사업에 필요한 건축물에 부속되는 시설

그 외 도심공항터미널, 헬기장에 있는 여객시설, 화물처리시설 및 운항지원시설, 공항구역 내에 있는 자유무역지역에 설치하려는 시설로서 해당 공항의 원활한 운영을 위하여 필요하다고 인정하여 국토해양부장관이 지정 · 고시하는 시설, 그 밖에 국토해양부장관이 공항의 운영 및 관리에 필요하다고 인정하는 시설

사망 중상 등의 적용기준 :

- 항공기에 탑승한 사람이 사망하거나 중상을 입은 경우. 다만, 자연적인 원인 또는 자기 자신이나 타인에 의하여 발생된 경우와 승객 및 승무원이 정상적으로 접근할 수 없는 장소에 숨어있는 밀항자 등에게 발생한 경우는 제외한다.
- 비행을 목적으로 탑승한 사람이 있는 항공기로부터 이탈된 부품이나 그 항공기와의 직접적인 접촉 등으로 인하여 사망하거나 중상을 입은 경우
- 항공기 발동기의 흡입 또는 후류(後流)로 인하여 사망하거나 중상을 입은 경우
- 행방불명은 항공기 · 경량항공기 · 초경량비행장치안에 있던 사람이 추락 등 항공

기사고 · 경량항공기사고 · 초경량비행장치사고로 1년간 생사가 분명하지 아니한 경우에 적용한다.

사망 중상의 범위 :

〈사망〉

항공기사고, 경량항공기사고 또는 초경량비행장치사고가 발생한 날부터 30일 이내에 그 사고로 사망한 경우를 포함한다.

〈중상의 범위〉

- 항공기사고, 경량항공기사고 또는 초경량비행장치사고로 부상을 입은 날부터 7일 이내에 48시간 이상의 입원치료가 필요한 부상
- 골절(코뼈, 손가락, 발가락 등의 간단한 골절은 제외한다)
- 열상(찢어진 상처)으로 인한 심한 출혈, 신경 · 근육 또는 힘줄의 손상
- 2도나 3도의 화상 또는 신체표면의 5퍼센트 이상의 화상(화상을 입은 날부터 7일 이내에 48시간 이상의 입원치료가 필요한 경우만 해당한다)
- 내장의 손상
- 전염물질이나 유해방사선에 노출된 사실이 확인된 경우

항공기의 중대한 손상 등의 범위 :

"항공기의 중대한 손상 · 파손 또는 구조상의 고장"이란 항공기 구조물의 손상 · 파손으로 구조물의 강도 · 성능 또는 비행특성에 악영향을 미쳐 대수리 또는 해당 구성품(component)의 교체가 요구되는 것을 말한다. 다만, 손상된 발동기와 그 발동기의 덮개, 부품(accessory)에 한정되어 나타난 발동기의 고장 · 손상이나 프로펠러, 날개 끝, 안테나, 타이어, 브레이크, 페어링(fairing), 그 밖에 항공기의 표면에 발생한 작은 흠 · 구멍과 같은 손상은 제외한다.

항공기준사고의 범위 : 다음과 같다.

항공기준사고의 범위

1. 항공기의 위치, 속도 및 거리가 다른 항공기와 충돌위험이 있었던 것으로 판단되는 근접비행이 발생한 경우(다른 항공기와의 거리가 500피트 미만으로 근접하였던 경우를 말한다)
2. 항공기가 정상적인 비행 중 지표, 수면 또는 그 밖의 장애물과의 충돌(CFIT)을 가까스로 회피한 경우
3. 항공기, 차량, 사람 등이 허가 없이 또는 잘못된 허가로 항공기 이륙·착륙을 위해 지정된 보호구역에 진입하여 다른 항공기의 안전운항에 지장을 준 경우
4. 항공기가, 폐쇄 중이거나 다른 항공기가 사용 중인 활주로(Closed or Engaged Runway)에 허가 없이 또는 잘못된 허가로 이륙·착륙을 시도한 경우
5. 항공기가 폐쇄 중이거나 다른 항공기가 사용 중인 활주로(Closed or Engaged Runway)에서 장애물을 가까스로 피하여 이륙한 경우
6. 항공기가 이륙 활주를 시작 후 이륙결심속도(Take-off decision speed)를 초과한 속도에서 이륙을 중단(Rejected take-off)한 경우
7. 항공기가 유도로에서 무단으로 이륙·착륙을 한 경우
8. 항공기가 이륙·착륙 중 활주로 시단(始端)에 못 미치거나(Undershooting) 또는 종단(終端)을 초과한 경우(Overrunning)
9. 항공기가 이륙·착륙 중 활주로 옆으로 이탈한 경우
10. 항공기가 이륙 또는 초기 상승 중 규정된 성능에 도달하지 못한 경우

11. 비행 중 운항승무원이 조종능력을 상실한 경우
12. 조종사가 연료의 부족으로 비상선언을 한 경우
13. 항공기 시스템의 고장, 기상 이상, 항공기 운용한계의 초과 등으로 조종상의 어려움이 발생한 경우
14. 항공기가 이륙·착륙 중 날개, 발동기 또는 동체가 지면에 접촉한 경우(다만, Tail-Skid의 경미한 접촉 등 항공기 이륙·착륙에 지장이 없는 경우는 제외한다)
15. 다음 각 목에 따라 항공기의 감항성이 손상된 경우
    가. 항공기가 지상에서 운항 중 다른 항공기나 장애물, 차량, 장비 또는 동물과 접촉·충돌
    나. 비행 중 조류(鳥類), 우박, 그 밖의 물체와 충돌 또는 기상 이상 등
    다. 운항 중 발생한 항공기 구조상의 고장(structural failure)
16. 비행 중 비상용 산소를 사용해야 하는 상황이 발생한 경우
17. 비행 중 항공기에 장착된 발동기 수의 100분의 30 이상의 발동기가 정지된 경우
18. 운항 중 발동기의 내부 부품이 발동기 외부로 떨어져 나간 경우(uncontained engine failure) 또는 발동기 구성품이 이탈된 경우
19. 운항 중 발동기 화재(소화기를 사용하여 화재를 진화한 경우를 포함한다) 또는 객실이나 화물칸에서 화재·연기가 발생한 경우
20. 비행 중 비행 유도 및 항행에 필요한 예비시스템 중 2개 이상의 고장으로 항행에 지장을 준 경우
21. 비행 중 2개 이상의 항공기 시스템 고장이 동시에 발생하여 비행에 심각한 영향을 미치는 경우

항공법

제2장 항공기

제3조(항공기의 등록) 항공기를 소유하거나 임차하여 항공기를 사용할 수 있는 권리가 있는 자(이하 "소유자등"이라 한다)는 항공기를 국토해양부장관에게 등록하여야 한다. 다만, 대통령령으로 정하는 항공기는 그러하지 아니하다.

등록기호표의 부착 :

- 항공기를 소유하거나 임차하여 사용할 수 있는 권리가 있는 자는 항공기를 등록한 경우에는 강철 등 내화금속(耐火金屬)으로 된 등록기호표(가로 7센티미터 세로 5센티미터의 직사각형)를 항공기 출입구 윗부분의 안쪽 보기 쉬운 곳에 붙여야 한다.
- 등록기호표에는 국적기호 및 등록기호(등록부호)와 소유자등의 명칭을 적어야 한다.

등록을 필요로 하지 아니하는 항공기의 범위 :

- 군 또는 세관에서 사용하거나 경찰업무에 사용하는 항공기
- 외국에 임대할 목적으로 도입한 항공기로서 외국 국적을 취득할 항공기
- 국내에서 제작한 항공기로서 제작자 외의 소유자가 결정되지 아니한 항공기
- 외국에 등록된 항공기를 임차하여 운영하는 경우 그 항공기

제4조(국적의 취득) 제3조에 따라 등록된 항공기는 대한민국의 국적을 취득하고 이에 따른 권리·의무를 갖는다.

제5조(소유권 등의 등록) ① 항공기에 대한 소유권의 취득·상실·변경은 등록하여야 그 효력이 생긴다.

② 항공기에 대한 임차권은 등록하여야 제3자에 대하여 그 효력이 생긴다.

제6조(항공기 등록의 제한) ① 다음 각 호의 어느 하나에 해당하는 자가 소유하거나 임차하는 항공기는 등록할 수 없다. 다만, 대한민국의 국민 또는 법인이 임차하거나 그 밖에 항공기를 사용할 수 있는 권리를 가진 자가 임차한 항공기는 그러하지 아니하다.

1. 대한민국 국민이 아닌 사람
2. 외국정부 또는 외국의 공공단체
3. 외국의 법인 또는 단체
4. 제1호부터 제3호까지의 어느 하나에 해당하는 자가 주식이나 지분의 2분의 1 이상을 소유하거나 그 사업을 사실상 지배하는 법인
5. 외국인이 법인등기부상의 대표자이거나 외국인이 법인등기부상의 임원 수의 2분의 1 이상을 차지하는 법인

② 외국 국적을 가진 항공기는 등록할 수 없다.

제8조(등록 사항) ① 국토해양부장관은 소유자등이 항공기의 등록을 신청한 경우에는 항공기 등록원부에 다음 각호의 사항을 기록하여야 한다.

1. 항공기의 형식
2. 항공기의 제작자
3. 항공기의 제작번호
4. 항공기의 정치장(定置場)
5. 소유자 또는 임차인·임대인의 성명 또는 명칭과 주소 및 국적
6. 등록 연월일
7. 등록기호

② 제1항 외에 항공기의 등록에 필요한 사항은 대통령령으로 정한다.

제9조(등록증명서의 발급) 국토해양부장관은 제8조에 따라 항공기를 등록하였을 때에는 신청인에게 항공기 등록증명서를 발급하여야 한다.

제10조(변경등록) 소유자등은 제8조제1항제4호에 따라 등록된 항공기의

정치장이 변경되었을 때에는 그 사유가 발생한 날부터 15일 이내에 국토해양부장관에게 변경등록을 신청하여야 한다.

제11조(이전등록) 등록된 항공기의 소유권 또는 임차권을 이전하는 경우에는 소유자, 양수인 또는 임차인은 국토해양부장관에게 이전등록을 신청하여야 한다.

제12조(말소등록) ① 소유자등은 등록된 항공기가 다음 각 호의 어느 하나에 해당하는 경우에는 그 사유가 발생한 날부터 15일 이내에 국토해양부장관에게 말소등록을 신청하여야 한다.

1. 항공기가 멸실(滅失)되었거나 항공기를 해체(정비, 개조, 수송 또는 보관을 위하여 하는 해체는 제외한다)한 경우
2. 항공기의 존재 여부가 2개월 이상 불분명한 경우
3. 제6조제1항 각 호의 어느 하나에 해당하는 자에게 항공기를 양도하거나 임대(외국 국적을 취득하는 경우만 해당한다)한 경우
4. 임차기간의 만료 등으로 항공기를 사용할 수 있는 권리가 상실된 경우

② 제1항의 경우 소유자등이 말소등록을 신청하지 아니하면 국토해양부장관은 7일 이상의 기간을 정하여 말소등록을 신청할 것을 최고(催告)하여야 한다.

③ 제2항에 따른 최고를 한 후에도 소유자등이 말소등록을 신청하지 아니하면 국토해양부장관은 직권으로 등록을 말소하고 그 사실을 소유자등, 그 밖의 이해관계인에게 알려야 한다.

제13조(등록 등본 등의 발급청구 등) 누구든지 국토해양부장관에게 항공기 등록원부의 등본 또는 초본의 발급을 청구하거나 항공기 등록원부의 열람을 청구할 수 있다.

제14조(등록기호표의 부착) ① 소유자등은 항공기를 등록한 경우에는 그 항공기의 등록기호표를 국토해양부령으로 정하는 형식 · 위치 및 방법 등에 따라 항공기에 붙여야 한다.
③ 누구든지 제1항에 따라 항공기에 붙인 등록기호표를 훼손하여서는 아니 된다.

제15조(감항증명) ① 항공기가 안전하게 비행할 수 있는 성능(이하 "감항성"이라 한다)이 있다는 증명(이하 "감항증명"이라 한다)을 받으려는 자는 국토해양부령으로 정하는 바에 따라 국토해양부장관에게 감항증명을 신청하여야 한다.
② 감항증명은 대한민국 국적을 가진 항공기가 아니면 받을 수 없다. 다만, 국토해양부령으로 정하는 항공기의 경우에는 그러하지 아니하다.
③ 감항증명을 받지 아니한 항공기를 항공에 사용하여서는 아니 된다. 다만, 시험비행 등을 위하여 국토해양부장관의 허가를 받은 경우에는 그러하지 아니하다.
④ 감항증명의 유효기간은 1년으로 한다. 다만, 항공기의 형식 및 소유자등의 정비능력(제138조제2항에 따라 정비등을 위탁하는 경우에는 정비조직인증을 받은 자의 정비능력을 말한다) 등을 고려하여 국토해양부령으로 정하는 바에 따라 유효기간을 연장할 수 있다.
⑤ 국토해양부장관은 감항증명을 할 때에는 항공기가 국토해양부장관이 고시한 항행의 안전을 확보하기 위한 기술상의 기준(이하 "기술기준"이라 한다)에 적합한지를 검사한 후 그 항공기의 운용한계(運用限界)를 지정하여야 한다. 이 경우 다음 각 호의 어느 하나에 해당하는 항공기의 경우에는 국토해양부령으로 정하는 바에 따라 검사의 일부를 생략할 수 있다.

1. 제17조에 따른 형식증명(型式證明)을 받은 항공기
2. 제17조의2에 따른 형식증명승인을 받은 항공기
3. 제17조의3에 따른 제작증명을 받은 제작자가 제작한 항공기
4. 항공기를 수출하는 외국정부로부터 감항성(堪航性)이 있다는 승인

을 받아 수입하는 항공기

⑥ 국토해양부장관은 제19조제1항에 따른 승인을 받지 못하거나 제153조제2항에 따른 검사 결과 항공기의 안전성 확보가 곤란하다고 인정하는 경우에는 해당 항공기에 대한 감항증명의 효력을 정지시키거나 유효기간을 단축시킬 수 있다.

⑦ 소유자등은 항공기를 운항하려면 그 항공기를 감항성이 있는 상태로 유지하여야 한다.

⑧ 국토해양부장관은 제7항에 따라 소유자등이 해당 항공기를 감항성이 있는 상태로 유지하는지를 수시로 검사하여야 하며, 항공기의 감항성 유지를 위하여 소유자등에게 항공기등 · 장비품 또는 부품에 대한 정비 등을 명할 수 있다.

제16조(소음기준적합증명) ① 국토해양부령으로 정하는 항공기의 소유자등은 국토해양부령으로 정하는 바에 따라 감항증명을 받는 경우와 수리 · 개조 등으로 항공기의 소음치(騷音値)가 변동된 경우에는 그 항공기에 대하여 소음기준적합증명을 받아야 한다.

② 제1항에 따른 소음기준적합증명을 받지 아니하거나 소음기준적합증명의 기준에 적합하지 아니한 항공기를 운항하여서는 아니 된다. 다만, 국토해양부장관의 운항허가를 받은 경우에는 그러하지 아니하다.

③ 제1항에 따른 소음기준적합증명과 제2항 단서에 따른 운항허가에 필요한 사항은 국토해양부령으로 정한다.

제19조(수리 개조승인) ① 감항증명을 받은 항공기의 소유자등은 해당 항공기등 또는 장비품 · 부품을 국토해양부령으로 정하는 범위에서 수리하거나 개조하려면 국토해양부령으로 정하는 바에 따라 그 수리 · 개조가 기술기준에 적합한지에 관하여 국토해양부장관의 승인(이하 "수리 · 개조승인"이라 한다)을 받아야 한다.

② 소유자등은 수리 · 개조승인을 받지 아니한 항공기등 또는 장비품 · 부

품을 운항 또는 항공기 등에 사용하여서는 아니 된다.

③ 제1항에도 불구하고 다음 각 호의 어느 하나에 해당하는 경우로서 기술기준에 적합한 경우에는 수리·개조승인을 받은 것으로 본다.

1. 제20조에 따라 형식승인을 받은 자가 제작한 기술표준품을 그 승인을 받은 자가 수리·개조하는 경우
2. 제20조의2에 따라 부품등제작자증명을 받은 자가 제작한 장비품 또는 부품을 그 증명을 받은 자가 수리·개조하는 경우
3. 제138조에 따른 정비조직인증을 받은 자가 항공기등 또는 장비품·부품을 수리·개조하는 경우

제22조(항공기등의 정비등의 확인) 소유자등은 항공기등·장비품 또는 부품에 대하여 정비등(국토해양부령으로 정하는 경미한 정비 및 제19조제1항에 따른 수리·개조는 제외한다)을 한 경우에 제26조제9호의 항공정비사 자격증명을 가진 사람으로부터 그 항공기등·장비품 또는 부품이 기술기준에 적합하다는 확인을 받지 아니하면 이를 항공에 사용할 수 없다. 다만, 확인을 받기가 곤란한 대한민국 외의 지역에서 항공기등·장비품 또는 부품에 대하여 정비등을 하는 경우로서 국토해양부령으로 정하는 자격을 가진 사람이 그 항공기등·장비품 또는 부품의 안전성을 확인한 경우에는 이를 항공에 사용할 수 있다.

제3장 항공종사자

제25조(항공종사자 자격증명 등) ① 항공업무에 종사하려는 사람 또는 경량항공기를 사용하여 비행하려는 사람은 국토해양부령으로 정하는 바에 따라 국토해양부장관으로부터 항공종사자 자격증명(이하 "자격증명"이라 한다)을 받아야 한다.

② 다음 각 호의 어느 하나에 해당하는 사람은 자격증명을 받을 수 없다.

1. 다음 각 목의 나이 미만인 사람

항공법

가. 자가용 조종사 및 경량항공기 조종사 자격의 경우 : 17세(자가용 활공기 조종사 자격의 경우에는 16세)
나. 사업용 조종사, 부조종사, 항공사, 항공기관사, 항공교통관제사 및 항공정비사 자격의 경우 : 18세
다. 운송용 조종사 및 운항관리사 자격의 경우 : 21세

2. 제33조제1항에 따른 자격증명 취소처분을 받고 그 취소일부터 2년이 지나지 아니한 사람

③ 제1항 및 제2항에도 불구하고 「군사기지 및 군사시설 보호법」을 적용받는 항공작전기지에서 항공기를 관제하는 군인은 국방부장관으로부터 자격인정을 받아 관제업무를 수행할 수 있다.

제26조(자격증명의 종류) 자격증명의 종류는 다음과 같이 구분한다.

1. 운송용 조종사
2. 사업용 조종사
3. 자가용 조종사
4. 부조종사
5. 경량항공기 조종사
6. 항공사
7. 항공기관사
8. 항공교통관제사
9. 항공정비사
10. 운항관리사

제28조(자격증명의 한정) ① 국토해양부장관은 다음 각 호의 구분에 따라 자격증명에 대한 한정을 할 수 있다.

1. 운송용 조종사, 사업용 조종사, 자가용 조종사, 부조종사 또는 항공기관사의 자격의 경우 : 항공기의 종류·등급 또는 형식
2. 경량항공기 조종사의 경우 : 경량항공기의 종류

3. 항공정비사 자격의 경우 : 항공기 종류 및 정비 업무 범위

② 제1항에 따라 자격증명의 한정을 받은 항공종사자는 그 한정된 항공기의 종류·등급 또는 형식 외의 항공기나 한정된 업무범위 외의 항공업무에 종사하여서는 아니 된다.

③ 제1항에 따른 자격증명의 한정에 필요한 세부사항은 국토해양부령으로 정한다.

조종사 등이 받은 자격증명의 효력 :

- 자가용 조종사 자격증명을 가진 사람이 같은 종류의 항공기에 대하여 부조종사 또는 사업용 조종사의 자격증명을 받은 경우에는 종전의 자가용 조종사 자격증명에 관한 항공기의 등급·형식의 한정 또는 계기비행증명에 관한 한정은 새로 받은 자격증명에도 유효하다.
- 부조종사 또는 사업용 조종사의 자격증명을 가진 사람이 같은 종류의 항공기에 대하여 운송용 조종사 자격증명을 받은 경우에는 종전의 자격증명에 관한 항공기의 등급·형식의 한정 또는 계기비행증명·조종교육증명에 관한 한정은 새로 받은 자격증명에도 유효하다.
- 항공정비사의 자격이 있는 사람이 비행기에 대한 자격증명을 받은 경우에는 활공기에 대한 자격증명을 받은 것으로 본다.

제29조(시험의 실시 및 면제) ① 자격증명을 받으려는 사람은 국토해양부령으로 정하는 바에 따라 항공업무에 종사하는 데에 필요한 지식 및 능력에 관하여 국토해양부장관이 실시하는 학과시험 및 실기시험에 합격하여야 한다.

② 국토해양부장관은 제28조에 따라 자격증명을 항공기의 종류·등급 또는 형식별로 한정(제34조에 따른 계기비행(計器飛行)증명 및 조종교육증명을 포함한다)하는 경우에는 항공기 탑승경력 및 정비경력 등을 심사하여야 한다. 이 경우 종류 및 등급에 대한 최초의 자격증명의 한정은 실기시험을 실시하여 심사할 수 있다.

③ 삭제

④ 국토해양부장관은 다음 각 호의 어느 하나에 해당하는 사람에게는 국토해양부령으로 정하는 바에 따라 제1항 및 제2항에 따른 시험 및 심사의 전부 또는 일부를 면제할 수 있다.

1. 외국정부로부터 자격증명을 받은 사람
2. 제29조의3에 따른 전문교육기관의 교육과정을 이수한 사람
3. 실무경험이 있는 사람
4. 「국가기술자격법」에 따른 항공기술 분야의 자격을 가진 사람

제31조(항공신체검사증명) ① 제26조제1호부터 제8호까지의 자격증명을 받은 사람 중 다음 각 호의 어느 하나에 해당하는 사람은 국토해양부장관으로부터 자격증명별로 항공신체검사증명을 받아야 한다.

1. 제26조제1호부터 제4호까지, 제6호 및 제7호에 따른 자격증명을 받은 사람 중 항공기에 탑승하여 항공업무에 종사하는 사람(이하 "운항승무원"이라 한다)
2. 제26조제5호에 따른 자격증명을 받고 경량항공기에 탑승하여 조종을 하는 사람
3. 제26조제8호에 따른 자격증명을 받고 항공교통관제사로서 항공업무를 하려는 사람

② 제1항에 따른 자격증명별 항공신체검사증명의 기준, 방법, 유효기간 등에 관하여 필요한 사항은 국토해양부령으로 정한다.

③ 국토해양부장관은 항공신체검사증명을 받는 사람이 제2항에 따른 항공신체검사증명의 기준에 적합한 경우에는 항공신체검사증명서를 발급하여야 한다.

④ 국토해양부장관은 항공신체검사증명을 받는 사람이 제2항에 따른 자격증명별 항공신체검사증명의 기준에 일부 미달한 경우에도 국토해양부령으로 정하는 바에 따라 항공신체검사를 받은 사람의 경험 및 능력을 고려하여 필요하다고 인정하는 경우에는 해당 항공업무의 범위를 한정하여

항공신체검사증명서를 발급할 수 있다.

⑤ 제1항에 따른 자격증명별 항공신체검사증명 결과에 불복하는 사람은 국토해양부령으로 정하는 바에 따라 이의신청을 할 수 있다.

⑥ 국토해양부장관은 제5항에 따른 이의신청에 대한 결정을 한 경우에는 지체 없이 신청인에게 그 결정 내용을 알려야 한다.

제31조의 2(항공전문의사의 지정 등) ① 국토해양부장관은 자격증명별 항공신체검사증명을 효율적이고 전문적으로 하기 위하여 항공의학에 관한 전문교육을 받은 전문의사(이하 "항공전문의사"라 한다)를 지정하여 항공신체검사증명에 관한 업무를 수행하게 할 수 있다.

② 항공전문의사의 지정기준 및 지정절차 등에 관하여 필요한 사항은 국토해양부령으로 정한다.

③ 항공전문의사는 국토해양부령으로 정하는 바에 따라 국토해양부장관이 정기적으로 실시하는 전문교육을 받아야 한다.

항공전문의사의 지정 :

- 항공전문의사로 지정을 받으려는 사람은 항공전문의사 지정신청서에 항공전문의사의 지정기준에 적합함을 증명하는 서류를 첨부하여 국토해양부장관에게 제출하여야 한다.
- 항공전문의사의 지정기준으로는 항공의학에 관한 교육과정을 이수할 것, 의사로서 항공의학 분야에서 5년 이상의 경력이 있거나 전문의(치과의사와 한의사는 제외한다)일 것, 항공신체검사 의료기관의 시설 및 장비 기준에 적합한 의료기관에 소속되어 있을 것

제32조(항공신체검사명령) 국토해양부장관은 특히 필요하다고 인정하는 경우에는 항공신체검사증명의 유효기간이 지나지 아니한 운항승무원 및 항공교통관제사에게 제31조에 따른 신체검사를 받을 것을 명할 수 있다.

제4장 항공기의 운항

제38조(공역 등의 지정) ① 삭제

② 국토해양부장관은 공역을 체계적이고 효율적으로 관리하기 위하여 필요하다고 인정할 때에는 비행정보구역을 다음 각 호의 공역으로 구분하여 지정·공고할 수 있다.

1. 관제공역 : 항공교통의 안전을 위하여 항공기의 비행 순서·시기 및 방법 등에 관하여 국토해양부장관의 지시를 받아야 할 필요가 있는 공역으로서 관제권 및 관제구를 포함하는 공역
2. 비관제공역 : 관제공역 외의 공역으로서 항공기에 탑승하고 있는 조종사에게 비행에 필요한 조언·비행정보 등을 제공하는 공역
3. 통제공역 : 항공교통의 안전을 위하여 항공기의 비행을 금지하거나 제한할 필요가 있는 공역
4. 주의공역 : 항공기의 비행 시 조종사의 특별한 주의·경계·식별 등이 필요한 공역

③ 국토해양부장관은 필요하다고 인정할 때에는 국토해양부령으로 정하는 바에 따라 제2항에 따른 공역을 세분하여 지정·공고할 수 있다.

④ 제2항 및 제3항에 따른 공역의 설정기준과 그 밖에 공역의 지정 등에 필요한 사항은 국토해양부령으로 정한다.

제38조의2(비행제한 등) ① 제38조제2항에 따른 비관제공역 또는 주의공역에서 비행하는 항공기는 그 공역에 대하여 국토해양부장관이 정하여 공고하는 비행의 방식 및 절차에 따라야 한다.

② 항공기는 제38조제2항에 따른 통제공역에서 비행하여서는 아니 된다. 다만, 국토해양부령으로 정하는 바에 따라 국토해양부장관의 허가를 받아 그 공역에 대하여 국토해양부장관이 정하는 비행의 방식 및 절차에 따라 비행하는 경우에는 그러하지 아니하다.

제39조(국적 등의 표시) ① 국적, 등록기호 및 소유자등의 성명 또는 명칭을 표시하지 아니한 항공기를 항공에 사용하여서는 아니 된다. 다만, 제15조제3항 단서에 따른 시험비행 등의 허가를 받은 경우에는 그러하지 아니하다.

② 제1항에 따른 국적 등의 표시에 필요한 사항은 국토해양부령으로 정한다.

등록부호 :

- 국적기호는 장식체가 아닌 로마자의 대문자 "HL"로 표시하여야 한다.
- 등록기호는 장식체가 아닌 4개의 아라비아 숫자로 표시하여야 한다.
- 등록기호는 국적기호의 뒤에 이어서 표시하여야 한다.
- 항공기에 표시하는 등록부호는 지워지지 아니하도록 선명하게 표시하여야 한다.
- 등록기호의 구성에 필요한 세부 사항은 국토해양부장관이 정하여 고시한다.

등록부호의 표시위치 :

- 비행기와 활공기의 경우에는 주 날개와 꼬리 날개 또는 주 날개와 동체에 다음의 구분에 따라 표시하여야 한다.
  가. 주 날개에 표시하는 경우 : 오른쪽 날개 윗면과 왼쪽 날개 아랫면에 주 날개의 앞 끝과 뒤 끝에서 같은 거리에 위치하도록 하고, 등록부호의 윗부분이 주 날개의 앞 끝을 향하게 표시할 것. 다만, 각 기호는 보조 날개와 플랩에 걸쳐서는 아니 된다.
  나. 꼬리 날개에 표시하는 경우 : 수직 꼬리 날개의 양쪽 면에, 꼬리 날개의 앞 끝과 뒤 끝에서 5센티미터 이상 떨어지도록 수평 또는 수직으로 표시할 것
  다. 동체에 표시하는 경우 : 주 날개와 꼬리 날개 사이에 있는 동체의 양쪽 면의 수평안정판 바로 앞에 수평 또는 수직으로 표시할 것

등록부호의 높이 :

- 비행기와 활공기에 표시하는 경우

가. 주 날개에 표시하는 경우에는 50센티미터 이상

나. 수직 꼬리 날개 또는 동체에 표시하는 경우에는 30센티미터 이상

등록부호의 폭 선 :

- 폭 : 문자 및 숫자의 높이의 3분의 2. 다만, 아라비아 숫자 중 1은 그러하지 아니하다.
- 선의 굵기 : 문자 및 숫자 높이의 6분의 1
- 간격 : 각 기호의 폭의 4분의 1 이상 2분의 1 이하

등록부호 표시의 예외 :

- 국토해양부장관은 부득이한 사유가 있다고 인정하는 경우에는 등록부호의 표시위치, 높이, 폭 등을 따로 정할 수 있다.
- 국가기관등항공기에 대해서는 관계중앙행정기관의 장이 국토해양부장관과 협의하여 등록부호의 표시위치, 높이, 폭 등을 따로 정할 수 있다.

제40조(무선설비의 설치 운용 의무) 항공기를 항공에 사용하려는 자 또는 소유자등은 해당 항공기에 비상위치 무선표지설비, 2차 감시레이더용 트랜스폰더 등 국토해양부령으로 정하는 무선설비를 설치 · 운용하여야 한다.

항공기에 설치 · 운용하여야 하는 무선설비 :

- 비행 중 항공교통관제기관과 교신할 수 있는 초단파(VHF) 또는 극초단파(UHF) 무선전화 송수신기 각 2대. 이 경우 비행기와 회전익항공기의 운항승무원은 붐(Boom) 마이크로폰 또는 스롯(Throat) 마이크로폰을 사용하여 교신하여야 한다.
- 기압고도에 관한 정보를 제공하는 2차 감시 항공교통관제 레이더용 트랜스폰더(Mode 3/A 및 Mode C SSR transponder. 다만, 국외를 운항하는 항공운송사업용 항공기의 경우에는 Mode S transponder) 1대
- 자동방향탐지기(ADF) 1대

- 계기착륙시설(ILS) 수신기 1대
- 전방향표지시설(VOR) 수신기 1대
- 거리측정시설(DME) 수신기 1대
- 비행 중 뇌우 또는 잠재적인 위험 기상조건을 탐지할 수 있는 기상레이더 또는 악기상 탐지장비
- 비상위치지시용 무선표지설비(ELT). 이 경우 비상위치지시용 무선표지설비의 신호는 406메가헤르쯔(MHz)로 송신되어야 한다.

무선설비의 성능 :

- 비행장 또는 헬기장에서 관제를 목적으로 한 양방향통신이 가능할 것
- 비행 중 계속하여 기상정보를 수신할 수 있을 것
- 운항 중 「전파법 시행령」 제27조제5호 및 제11호에 따른 항공국과 항공기국 간 또는 항공기국과 항공기국간 양방향통신이 가능할 것
- 항공비상주파수(121.5MHz 또는 243.0MHz)를 사용하여 항공교통관제기관과 통신이 가능할 것
- 무선전화 송수신기 각 2대 중 각 1대가 고장이 나더라도 나머지 각 1대는 고장이 나지 아니하도록 각각 독립적으로 설치할 것

제40조의2(경량항공기의 무선설비 설치 운용 의무) 경량항공기를 항공에 사용하려는 사람 또는 소유자등은 해당 경량항공기에 무선교신용 전화, 항공기 식별용 트랜스폰더 등 국토해양부령으로 정하는 무선설비를 설치·운용하여야 한다.

제41조(항공계기 등의 설치 탑재 및 운용 등) ① 항공기를 항공에 사용하려는 자 또는 소유자등은 해당 항공기에 항공기 안전운항을 위하여 필요한 항공계기(航空計器), 장비, 서류, 구급용구 등(이하 "항공계기등"이라 한다)을 설치하거나 탑재하여 운용하여야 한다.

② 제1항에 따라 항공계기등을 설치하거나 탑재하여야 할 항공기, 항공계

기등의 종류, 설치 · 탑재기준 및 그 운용방법 등에 관하여 필요한 사항은 국토해양부령으로 정한다.

항공기에 탑재하는 서류 :

- 항공기등록증명서
- 감항증명서
- 탑재용 항공일지
- 운용한계 지정서 및 비행교범
- 운항규정
- 항공운송사업의 운항증명서 사본 및 운영기준 사본
- 소음기준적합증명서
- 각 운항승무원의 유효한 자격증명서 및 조종사의 비행기록에 관한 자료
- 무선국 허가증명서(radio station license)
- 탑승한 여객의 성명, 탑승지 및 목적지가 표시된 명부(passenger manifest)
- 해당 항공운송사업자가 발행하는 수송화물의 화물목록(cargo manifest)과 화물 운송장에 명시되어 있는 세부 화물신고서류(detailed declarations of the cargo)
- 해당 국가의 항공당국 간에 체결한 항공기 등의 감독 의무에 관한 이전협정서 사본
- 비행 전 및 각 비행 단계에서 운항승무원이 사용해야 할 점검표
- 그 밖에 국토해양부장관이 정하여 고시하는 서류

항공일지 :

- 항공기의 소유자 등은 탑재용 항공일지, 지상 비치용 발동기 항공일지 및 지상 비치용 프로펠러 항공일지를 갖춰 두어야 한다. 다만, 활공기의 소유자 등은 활공기용 항공일지를, 항공기의 소유자 등은 탑재용 항공일지를 갖춰 두어야 한다.
- 항공기의 소유자 등은 항공기를 항공에 사용하거나 개조 또는 정비한 경우에는 지체없이 항공일지에 적어야 한다.

〈탑재용 항공일지〉

가. 항공기의 등록부호 및 등록 연월일

나. 항공기의 종류 · 형식 및 형식증명번호

다. 감항분류 및 감항증명번호

라. 항공기의 제작자 · 제작번호 및 제작 연월일

마. 발동기 및 프로펠러의 형식

바. 비행에 관한 다음의 기록

1) 비행연월일

2) 승무원의 성명 및 업무

3) 비행목적 또는 편명

4) 출발지 및 출발시각

5) 도착지 및 도착시각

6) 비행시간

7) 항공기의 비행안전에 영향을 미치는 사항

8) 기장의 서명

사. 제작 후의 총비행시간과 최근의 오버홀 후의 총비행시간

아. 발동기 및 프로펠러의 장비교환에 관한 다음의 기록

1) 장비교환의 연월일 및 장소

2) 발동기 및 프로펠러의 부품번호 및 제작일련번호

3) 장비가 교환된 위치 및 이유

자. 수리 · 개조 또는 정비의 실시에 관한 다음의 기록

1) 실시 연월일 및 장소

2) 실시 이유, 수리 · 개조 또는 정비의 위치 및 교환 부품명

3) 확인 연월일 및 확인자의 서명 또는 날인

구급용구 등 :

항공기의 소유자 등이 항공기에 갖추어야 할 구명동의, 음성신호발생기, 구명보트, 불꽃조난신호장비, 휴대용 소화기, 도끼, 메가폰, 구급의료용품 등은 다음과 같다.

항공기에 장비하여야 할 구급용구 등

1. 다음 표의 구급용구를 갖추어야 한다.

구 분	품 목	수 량	
		항공운송사업 및 항공기사용사업에 사용하는 경우	그 밖의 경우
가. 수상비행기(수륙 양용 비행기를 포함한다)	· 구명동의 또는 이에 상당하는 개인 부양 장비 · 음성신호발생기 · 해상용 닻 · 일상용 닻	탑승자 한 명당 1개 1기 1개 1개	탑승자 한 명당 1개 1기 1개(해상이동에 필요한 경우만 해당한다) 1개
나. 육상비행기(수륙 양용 비행기를 포함한다) 1) 착륙에 적합한 해안으로부터 93킬로미터(50해리) 이상의 해상을 비행하는 다음의 경우 가) 쌍발비행기가 임계발동기가 작동하지 않아도 최저안전고도 이상으로 비행하여 교체비행장에 착륙할 수 있는 경우 나) 3발 이상의 비행기가 2개의 발동기가 작동하지 않아도 항로상 교체비행장에 착륙할 수 있는 경우	· 구명동의 또는 이에 상당하는 개인 부양 장비	탑승자 한 명당 1개	탑승자 한 명당 1개
2) 1) 외의 육상단발비행기가 해안으로부터 활공거리를 벗어난 해상을 비행하는 경우	· 구명동의 또는 이에 상당하는 개인 부양 장비	탑승자 한 명당 1개	탑승자 한 명당 1개
3) 이륙경로나 착륙접근경로가 수상에서의 사고 시에 착수가 예상되는 경우	· 구명동의 또는 이에 상당하는 개인 부양 장비	탑승자 한 명당 1개	

다. 장거리 해상을 비행하는 비행기			
1) 비상착륙에 적합한 육지로부터 120분 또는 740킬로미터(400해리) 중 짧은 거리 이상의 해상을 비행하는 다음의 경우 가) 쌍발비행기가 임계발동기가 작동하지 않아도 최저안전고도 이상으로 비행하여 교체비행장에 착륙할 수 있는 경우 나) 3발 이상의 비행기가 2개의 발동기가 작동하지 않아도 항로상 교체비행장에 착륙할 수 있는 경우	· 구명동의 또는 이에 상당하는 개인 부양 장비 · 구명보트 · 불꽃조난신호장비	탑승자 한 명당 1개 적정 척 수 1기	탑승자 한 명당 1개 적정 척 수 1기
2) 1) 외의 비행기가 30분 또는 185킬로미터(100해리) 중 짧은 거리 이상의 해상을 비행하는 경우	· 육상비행기 또는 수상비행기의 구분에 따라 가 또는 나에서 정한 품목	육상비행기 또는 수상비행기의 구분에 따라 가 또는 나에서 정한 수량	
3) 비행기가 비상착륙에 적합한 육지로부터 93킬로미터(50해리) 이상의 해상을 비행하는 경우 4) 비상착륙에 적합한 육지로부터 단발기는 185킬로미터(100해리), 다발기는 1개의 발동기가 작동하지 않아도 370킬로미터(200해리) 이상의 해상을 비행하는 경우	· 구명보트 · 불꽃조난신호장비 · 구명동의 또는 이에 상당하는 개인 부양 장비 · 구명보트 · 불꽃조난신호장비	적정 척 수 1기	적정 척 수 1기 탑승자 한 명당 1개 적정 척 수 1기
라. 수색구조가 특별히 어려운 산악지역, 외딴지역 및 국토해양부장관이 정한 해상 등을 횡단 비행하는 비행기(회전익항공기를 포함한다)	· 불꽃조난신호장비 · 구명장비	1기 이상 1기 이상	1기 이상 1기 이상

마. 회전익항공기			
1) 제1종 또는 제2종 회전익항공기가 육지(비상착륙에 적합한 섬을 포함한다)로부터 순항속도로 10분 거리 이상의 해상을 비행하는 경우	· 회전익항공기 부양장치 · 구명동의 또는 이에 상당하는 개인부양 장비 · 구명보트 · 불꽃조난신호장비	1조 탑승자 한 명당 1개 적정 척 수 1기	1조 탑승자 한 명당 1개 적정 척 수 1기
2) 제3종 회전익항공기가 다음의 비행을 하는 경우			
가) 비상착륙에 적합한 육지 또는 섬으로부터 자동회전 또는 안전강착거리를 벗어난 해상을 비행하는 경우	· 회전익항공기 부양장치	1조	1조
나) 비상착륙에 적합한 육지 또는 섬으로부터 자동회전거리를 초과하되, 국토해양부장관이 정한 육지로부터의 거리 내의 해상을 비행하는 경우	· 구명동의 또는 이에 상당하는 개인부양 장비	탑승자 한 명당 1개	탑승자 한 명당 1개
다) 가)에서 정한 지역을 초과하는 해상을 비행하는 경우	· 구명동의 또는 이에 상당하는 개인부양 장비	탑승자 한 명당 1개	탑승자 한 명당 1개
3) 제2종 및 제3종 회전익항공기가 이륙 경로나 착륙 접근 경로가 수상에 서의 사고시에 착수가 예상되는 경우	· 구명보트 · 불꽃조난신호장비 · 구명동의 또는 이에 상당하는 개인부양 장비	적정 척 수 1기 탑승자 한 명당 1개	적정 척 수 1기 탑승자 한 명당 1개
4) 앞바다(offshore)를 비행하거나 국토해양부장관이 정한 수상을 비행할 경우	· 회전익항공기 부양장치	1조	1조

비고:

1) 구명동의 또는 이에 상당하는 개인부양 장비는 생존위치표시등이 부착된 것으로서 각 좌석으로부터 꺼내기 쉬운 곳에 두고, 그 위치 및 사용방법을 승객이 명확히 알기 쉽도록 해야 한다.

2) 육지로부터 자동회전 착륙거리를 벗어나 해상(offshore) 비행을 할 경우, 위 표 마목의 구명동의는 해상 비행을 하는 동안 계속 착용하고 있어야 한다. 다만, 탑승자가 기능성 구명동의 또는 통합형 구명의(integrated survival suit)를 착용하고 있거나, 항공기 조종 등에 영향을 줄 수 있는 경우에는 그러하지 아니하다.
3) 회전익항공기가 해상 운항을 할 경우, 해수 온도가 10℃ 이하일 경우에는 탑승자 모두 구명동의를 착용해야 한다.
4) 음성신호발생기는 1972년 「국제해상충돌예방규칙협약」에서 정한 성능을 갖춰야 한다.
5) 구명보트의 수는 탑승자 전원을 수용할 수 있는 수량이어야 한다. 이 경우 구명보트는 비상시 사용하기 쉽도록 적재되어야 하며, 각 구명보트에는 비상신호등 · 방수휴대등이 각 1개씩 포함된 구명용품 및 불꽃조난신호장비 1기를 갖춰야 한다. 다만, 구명용품 및 불꽃조난신호장비는 구명보트에 보관할 수 있다.
6) 위 표 마목의 제1종 · 제2종 및 제3종 회전익항공기는 다음과 같다.
  가) 제1종 회전익항공기(Operations in performance Class 1 helicopter) : 임계발동기에 고장이 발생한 경우, TDP(Take-off Decision Point: 이륙결심지점) 전 또는 LDP(Landing Decision Point: 착륙결심지점)를 통과한 후에는 이륙을 포기하거나 또는 착륙지점에 착륙해야 하며, 그 외에는 적합한 착륙 장소까지 안전하게 계속 비행이 가능한 회전익항공기
  나) 제2종 회전익항공기(Operations in performance Class 2 helicopter) : 임계발동기에 고장이 발생한 경우, 초기 이륙 조종 단계 또는 최종 착륙 조종 단계에서는 강제 착륙이 요구되며, 이 외에는 적합한 착륙 장소까지 안전하게 계속 비행이 가능한 회전익항공기
  다) 제3종 회전익항공기(Operations in performance Class 3 helicopter) : 비행 중 어느 시점이든 임계발동기에 고장이 발생할 경우 강제착륙이 요구되는 회전익항공기

2. 다음 각 목의 소화기를 갖춰야 한다.
  가. 항공기에는 적어도 조종실 및 조종실과 분리되어 있는 객실에 각각 한 개 이상의 이동이 간편한 소화기를 갖춰 두어야 한다. 다만, 소화기는 소화액을 방사 시 항공기 내의 공기를 해롭게 오염시키거나 항공기의 안전운항에 지장을 주는 것이어서는 안 된다.
  나. 항공기의 객실에는 다음 표의 소화기를 갖춰 두어야 한다.

승객 좌석 수	소화기의 수량
1) 6석부터 30석까지	1
2) 31석부터 60석까지	2
3) 61석부터 200석까지	3
4) 201석부터 300석까지	4
5) 301석부터 400석까지	5
6) 401석부터 500석까지	6
7) 501석부터 600석까지	7
8) 601석 이상	8

3. 항공운송사업용 및 항공기사용사업용 항공기에는 사고 시 사용할 도끼 1개를 갖춰 두어야 한다.
4. 항공운송사업용 여객기에는 다음 표의 메가폰을 갖춰 두어야 한다.

승객 좌석수	메가폰의 수
61석부터 99석까지	1
100석부터 199석까지	2
200석 이상	3

5. 모든 항공기에는 가목의 구급의료용품(First-aid Kit)을 탑재해야 하고, 항공운송사업용 항공기에는 나목의 감염예방의료용구(Unversal Precaution Kit)와 다목의 비상의료용구(Emergency Medical Kit)를 탑재해야 한다. 다만, 다목의 비상의료용구는 승객 좌석 수 101석 이상의 항공기만 해당하며 1조

이상 탑재해야 한다.

가. 구급의료용품

1) 구급의료용품의 수량

승객 좌석 수	구급의료용품의 수
0석부터 100석	1조
101석부터 200석까지	2조
201석부터 300석까지	3조
301석부터 400석까지	4조
401석부터 500석까지	5조
501석 이상	6조

2) 구급의료용품에 포함해야 할 최소 품목

가) 내용물 설명서
나) 멸균 면봉(10개 이상)
다) 일회용 밴드
라) 거즈 붕대
마) 삼각건, 안전핀
바) 멸균된 거즈
사) 압박(탄력) 붕대
아) 소독포
자) 반창고
차) 상처 봉합용 테이프
카) 손 세정제 또는 물수건
타) 안대 또는 눈을 보호할 수 있는 테이프
파) 가위
하) 수술용 접착테이프
거) 핀셋
너) 일회용 의료장갑(2개 이상)
더) 체온계(비수은 체온계)
러) 인공호흡 마스크
머) 최신 정보를 반영한 응급처치교범
버) 구급의료용품 사용 시 보고를 위한 서식
서) 복용 약품(진통제, 구토억제제, 코 충혈 완화제, 제산제, 항히스타민제), 다만, 자가용 항공기, 항공기사용사업용 항공기 및 여객을 수송하지 않는 항공운송사업용 회전익항공기의 경우에는 항히스타민제를 갖춰두지 않을 수 있다.

나. 감염예방 의료용구

1) 감염예방 의료용구의 수량

승객 좌석 수	구급의료용품의 수
0석부터 250석	1조
251석부터 500석까지	2조
501석 이상	3조

2) 감염예방 의료용구에 포함해야 할 최소 품목

가) 액체응고제(파우더)
나) 살균제
다) 피부 세척을 위한 수건
라) 안면/눈 보호대(마스크)

마) 일회용 의료장갑
바) 보호용 앞치마(에이프런)
사) 흡착용 대형 타올
아) 오물 처리를 위한 주걱(긁을 수 있는 도구 포함)
자) 오물을 위생적으로 처리할 수 있는 봉투
차) 사용 설명서

다. 비상의료용구

1) 장비
가) 내용물 설명서
나) 청진기
다) 혈압계
라) 인공기도
마) 주사기
바) 주사바늘
사) 정맥주사용 카테터
아) 항균 소독포
자) 일회용 의료 장갑
차) 주사 바늘 폐기함
카) 도뇨관
타) 정맥 혈류기(수액세트)
파) 지혈대
하) 스폰지 거즈
거) 접착 테이프
너) 외과용 마스크
더) 기관 카테터(또는 대형 정맥 캐뉼러)
러) 탯줄 집게(제대 겸자)
머) 체온계(비수은 체온계)
버) 기본인명구조술 지침서
서) 인공호흡용 Bag-valve 마스크
어) 손전등(펜라이트)과 건전지

2) 약품
가) 아드레날린제(희석 농도 1:1,000) 또는 에피네프린(희석 농도 1:1,000)
나) 항히스타민제(주사용)
다) 정맥주사용 포도당(50%, 주사용 50ml)
라) 니트로글리세린 정제(또는 스프레이)
마) 진통제
바) 항경련제(주사용)
사) 진토제(주사용)
아) 기관지 확장제(흡입식)
자) 아트로핀
차) 부신피질스테로이드(주사제)
카) 이뇨제(주사용)
타) 자궁수축제
파) 주사용 생리식염수(농도 0.9%, 용량 250ml 이상)
하) 아스피린(경구용)
거) 경구용 베타수용체 차단제

6. 제5호에서 정한 구급의료용품과 감염예방 의료용구는 비행 중 승무원이 쉽게 접근하여 사용할 수 있도록 객실 전체에 고르게 분포되도록 갖춰 두어야 한다.

승객 및 승무원의 좌석 등 :

- 모든 항공기에는 2세 이상의 승객과 모든 승무원을 위한 안전벨트가 달린 좌석(침대좌석을 포함한다)을 장착하여야 한다.
- 항공운송사업에 사용되는 항공기의 모든 승무원의 좌석에는 안전벨트 외에 어깨끈을 장착하여야 한다. 이 경우 운항승무원의 좌석에 장착하는 어깨끈은 급감속시 상체를 자동적으로 제어하는 것이어야 한다.

산소 저장 및 분배장치 등 :

고고도(高高度) 비행을 하는 항공기는 다음의 구분에 따른 호흡용 산소의 양을 저장하고 분배할 수 있는 장치를 장착하여야 한다.

- 기내의 대기압을 700헥토파스칼(hPa) 이상으로 유지시켜 줄 수 있는 여압장치가 있는 모든 비행기와 항공운송사업에 사용되는 회전익항공기의 경우에는 다음에서 정하는 양
  가. 기내의 대기압이 700헥토파스칼(hPa) 미만인 동안 승객 전원과 승무원 전원이 비행고도 등 비행환경에 따라 적합하게 필요로 하는 양
  나. 기내의 대기압이 376헥토파스칼(hPa) 미만인 비행고도에서 비행하거나 376헥토파스칼(hPa) 이상인 비행고도에서 620헥토파스칼(hPa)인 비행고도까지 4분 이내에 강하할 수 없는 경우에는 승객 전원과 승무원전원이 최소한 10분 이상 사용할 수 있는 양
- 여압장치가 있는 비행기로서 기내의 대기압이 376헥토파스칼(hPa) 미만인 비행고도로 비행하려는 비행기에는 기내의 압력이 떨어질 경우 운항승무원에게 이를 경고할 수 있는 기압저하경보장치 1기를 장착하여야 한다.
- 항공운송사업에 사용되는 항공기로서 기내의 대기압이 376헥토파스칼(hPa) 미만인 비행고도로 비행하거나 376헥토파스칼(hPa) 이상인 비행고도에서 620헥토파스칼(hPa)의 비행고도까지 4분 이내에 안전하게 강하할 수 없는 경우에는 승객 및 객실승무원 좌석 수를 더한 수보다 최소한 10퍼센트를 초과하는 수의 자동으로 작동되는 산소분배장치를 장착하여야 한다.
- 여압장치가 있는 비행기로서 기내의 대기압이 376헥토파스칼(hPa) 미만인 비행

고도에서 비행하려는 비행기의 경우 운항승무원의 산소마스크는 운항승무원이 산소의 사용이 필요할 때에 비행임무를 수행하는 좌석에서 즉시 사용할 수 있는 형태여야 한다.

- 비행 중인 비행기의 안전운항을 위하여 조종업무를 수행하고 있는 모든 운항승무원은 산소 공급이 요구되는 상황에서는 언제든지 산소를 계속 사용할 수 있어야 한다.
- 항공기에 장착하여야 할 호흡용 산소의 저장·분배장치에 대한 비행고도별 세부 장착 요건 및 산소의 양, 그 밖에 필요한 사항은 국토해양부장관이 정하여 고시한다.

방사선투사량계기 :

- 항공운송사업용 항공기 또는 국외를 운항하는 비행기가 평균해면으로부터 1만5천미터(4만9천피트)를 초과하는 고도로 운항하려는 경우에는 방사선투사량계기(Radiation Indicator) 1기를 갖추어야 한다.
- 방사선투사량계기는 투사된 총 우주방사선의 비율과 비행 시마다 누적된 양을 계속적으로 측정하고 이를 나타낼 수 있어야 하며, 운항승무원이 측정된 수치를 쉽게 볼 수 있어야 한다.

항공계기장치 등 :

1. 항공운송사업용 사용되는 항공기에는 2기 이상, 그 밖의 항공기에는 1기 이상의 착륙등.
2. 충돌방지등 1기
3. 항공기의 위치를 나타내는 우현등, 좌현등 및 미등
4. 운항승무원이 항공기의 안전운항을 위하여 사용하는 필수적인 항공계기 및 장치를 쉽게 식별할 수 있도록 해주는 조명설비
5. 객실조명설비
6. 운항승무원 및 객실승무원이 각 근무위치에서 사용할 수 있는 손전등(flash-light)

제빙 방빙장치 :

결빙이 있거나 결빙이 예상되는 지역으로 운항하려는 항공기에는 결빙을 제거할 수 있는 제빙(De-icing)장치 또는 결빙을 방지할 수 있는 방빙(Anti-icing)장치를 갖추어야 한다.

사고예방 및 사고조사를 위하여 항공기에 갖추어야 할 장치

- 「국제민간항공조약」 부속서 10에서 정한 바에 따라 운용되는 공중충돌경고장치(Airborne Collision Avoidance System, ACAS Ⅱ) 1기 이상
- 비행기 및 회전익항공기에는 그 비행기 및 회전익항공기가 지표면에 근접하여 잠재적인 위험상태에 있을 경우 적시에 명확한 경고를 운항승무원에게 자동으로 제공하고 전방의 지형지물을 회피할 수 있는 기능을 가진 지상접근경고장치(Ground Proximity Warning System) 1기 이상
- 항공기에는 「국제민간항공조약」에서 정한 디지털방식으로 자료를 기록할 수 있는 비행자료기록장치(Flight Data Recorder) 및 조종실음성기록장치(Cockpit Voice Recorder) 1기 이상
- 항공운송사업에 사용되는 비행기에는 전방돌풍경고장치 1기 이상. 이 경우 돌풍경고장치는 조종사에게 비행기 전방의 돌풍을 시각 및 청각적으로 경고하고, 필요한 경우에는 실패접근(missed approach), 복행(go-around) 및 회피기동(escape manoeuvre)을 할 수 있는 정보를 제공하는 것이어야 하며, 항공기가 착륙하기 위하여 자동착륙장치를 사용하여 활주로에 접근할 때 전방의 돌풍으로 인하여 자동착륙장치가 그 운용한계에 도달하고 있는 경우에는 조종사에게 이를 알릴 수 있는 기능을 가진 것이어야 한다.

제43조(항공기의 연료 등) 소유자등은 항공기에 국토해양부령으로 정하는 양의 연료 및 오일을 싣지 아니하고 항공기를 운항하여서는 아니 된다.

항공기에 실어야 할 연료 및 오일의 양

구 분		연료 및 오일의 양	
		왕복발동기 장착 항공기	터빈발동기 장착 항공기
항공운송사업용 및 항공기사용사업용 비행기	계기비행으로 교체비행장이 요구될 경우	다음 각 호의 어느 하나에 해당하는 양 1. 최초 착륙예정 비행장까지 비행에 필요한 양에 해당 예정 비행장의 교체비행장 중 연료 및 오일의 소모량이 가장 많은 비행장까지 비행을 마친 후, 다시 순항속도로 45분간 더 비행할 수 있는 양을 더한 양 2. 사전에 지정된 지점을 경유하여 교체비행장까지 비행을 마친 후 다시 순항속도로 45분간 더 비행할 수 있는 양. 이 경우 다음 각 목의 어느 하나에 해당하는 양보다 적어서는 않 된다. 가. 최초 착륙예정 비행장까지 비행을 마친 후 순항속도로 45분간 더 비행할 수 있는 양에 순항고도로 비행하는 시간의 15퍼센트의 시간을 비행할 수 있는 양을 더한 양 나. 최초 착륙예정 비행장까지 비행에 필요한 양에 순항속도로 2시간을 비행할 수 있는 양을 더한 양	다음 각 호의 어느 하나에 해당하는 양 1. 최초 착륙예정 비행장까지 비행하여 한 번의 접근과 실패접근을 하는 데 필요한 양에 다음 각 목의 양을 더한 양 가. 최초 착륙예정 비행장에서 순항속도로 교체비행장까지 비행하는 데 필요한 양 나. 교체비행장에서 표준기온으로 450미터(1,500피트)의 상공에서 30분간 체공하는 데 필요한 양에 그 비행장에 접근하여 착륙하는 데 필요한 양을 더한 양 다. 이상사태 발생 시 연료소모가 증가할 것에 대비하여 국토해양부장관이 정한 추가의 양 2. 다음 각 목의 양을 더한 양. 이 경우 최초 착륙예정 비행장까지 비행에 필요한 연료의 양에 순항속도로 다시 2시간을 비행할 수 있는 양을 더한 양보다 적어서는 안 된다. 가. 사전 지정된 지점을 경유하여 교체비행

			장까지 비행을 마친 후 그 교체비행장의 450미터(1,500피트)의 상공에서 30분간 체공하는 데 필요한 양 나. 이상사태 발생 시 연료소모가 증가할 것에 대비하여 국토해양부장관이 정한 추가의 양
	계기비행으로 교체비행장이 요구되지 않을 경우	다음 각 호의 어느 하나에 해당하는 양 1. 제188조제3항제1호의 경우에는 다음 각 목의 양을 더한 양 가. 최초 착륙예정 비행장까지 비행에 필요한 양 나. 순항속도로 45분간 더 비행할 수 있는 양 2. 제188조제3항제2호의 경우에는 다음 각 목의 어느 하나에 해당하는 양 중 적은 양 가. 최초 착륙 예정비행장까지 비행에 필요한 양에 순항속도로 45분간 더 비행할 수 있는 양에 순항고도로 비행하는 시간의 15퍼센트의 시간을 비행할 수 있는 양을 더한 양 나. 최초 착륙예정 비행장까지 비행에 필요한 양에 순항속도로 2시간을 비행할 수 있는 양을 더한 양	다음 각 호의 어느 하나에 해당하는 양 1. 제188조제3항제1호의 경우에는 다음 각 목의 양을 더한 양 가. 최초 착륙예정 비행장까지 비행에 필요한 연료의 양에 표준기온으로 그 비행장의 450미터(1,500피트)의 상공에서 30분간 체공하는 데 필요한 양 나. 연료소모가 증가할 것에 대비하여 국토해양부장관이 정한 추가의 양 2. 제188조제3항제2호의 경우에는 다음 각 목의 양을 더한 양 가. 최초 착륙예정 비행장까지 비행에 필요한 양 나. 순항속도로 2시간을 비행할 수 있는 양

	시계비행을 할 경우	다음 각 호의 양을 더한 양 1. 최초 착륙예정 비행장까지 비행에 필요한 양 2. 순항속도로 45분간 더 비행할 수 있는 양
항공운송사업용 및 항공기사용사업용 외의 비행기	계기비행으로 교체비행장이 요구될 경우	다음 각 호의 양을 더한 양 1. 최초 착륙예정 비행장까지 비행에 필요한 양 2. 그 교체비행장까지 비행을 마친 후 순항고도로 45분간 더 비행할 수 있는 양
	계기비행으로 교체비행장이 요구되지 않을 경우	다음 각 호의 양을 더한 양 1. 제188조제3항 단서에 따라 교체비행장이 요구되지 않는 경우 최초의 착륙예정 비행장까지 비행에 필요한 양 2. 순항고도로 45분간 더 비행할 수 있는 양
	주간에 시계비행을 할 경우	다음 각 호의 양을 더한 양 1. 예정된 착륙공항까지 비행에 필요한 양 2. 순항고도로 30분간 더 비행할 수 있는 양
	야간에 시계비행을 할 경우	다음 각 호의 양을 더한 양 1. 예정된 착륙공항까지 비행에 필요한 양 2. 순항고도로 45분간 더 비행할 수 있는 양
항공운송사업용 및 항공기사용사업용 회전익항공기	시계비행을 할 경우	다음 각 호의 양을 더한 양 1. 최초 착륙예정 비행장까지 비행에 필요한 양 2. 최대항속속도로 20분간 더 비행할 수 있는 양 3. 최초 착륙예정 비행장까지 비행예정시간의 10퍼센트의 시간을 비행할 수 있는 양 4. 이상사태 발생 시 연료 및 오일의 소모가 증가할 것에 대비하여 국토해양부장관이 정한 추가의 양
	계기비행으로 교체비행장이 요구될 경우	다음 각 호의 양을 더한 양 1. 최초 착륙예정 비행장까지 비행하여 한 번의 접근과 실패접근을 하는 데 필요한 양 2. 교체비행장까지 비행하는 데 필요한 양 3. 교체비행장에서 표준기온으로 450미터(1,500피트)의 상공에서 30분간 체공하는 데 필요한 양에 그 비행장에 접근하여 착륙하는 데 필요한 양을 더한 양 4. 이상사태 발생 시 연료 및 오일의 소모가 증가할 것에 대비하여 국토해양부장관이 정한 추가의 양
	계기비행으로 교체비행장이 요구되지 않을 경우	제188조제5항제1호의 경우에는 다음 각 호의 양을 더한 양 1. 최초 착륙 예정비행장까지 비행에 필요한 양 2. 최초 착륙 예정비행장에 표준기온으로 450미터(1,500피트)의 상공에서 30분간 체공하는 데 필요한 양에 그 비행장에 접근하여 착륙하는 데 필요한 양을 더한 양

		3. 이상사태 발생 시 연료 소모가 증가할 것에 대비하여 국토해양부장관이 정한 추가의 양
	계기비행으로 적당한 교체비행장이 없을 경우	제188조제5항제2호의 경우에는 다음 각 호의 양을 더한 양 1. 최초 착륙 예정비행장까지 비행에 필요한 양 2. 최초 착륙 예정비행장의 상공에서 체공속도로 2시간 동안 체공하는 데 필요한 양
항공운송사업용 및 항공기사용사업용 외의 회전익항공기	시계비행을 할 경우	다음 각 호의 양을 더한 양 1. 최초 착륙 예정비행장까지 비행에 필요한 양 2. 최대항속속도로 20분간 더 비행할 수 있는 양 3. 최초 착륙 예정비행장까지 비행예정시간의 10퍼센트의 시간을 비행할 수 있는 양 4. 이상사태 발생 시 연료 및 오일의 소모가 증가할 것에 대비하여 소유자등이 정한 추가의 양
	계기비행으로 교체비행장이 요구될 경우	다음 각 호의 양을 더한 양 1. 최초 착륙 예정비행장까지 비행하여 한 번의 접근과 실패접근을 하는 데 필요한 양 2. 교체비행장까지 비행하는 데 필요한 양 3. 교체비행장에서 표준기온으로 450미터(1,500피트)의 상공에서 30분간 체공하는 데 필요한 양에 그 비행장에 접근하여 착륙하는 데 필요한 양을 더한 양 4. 이상사태 발생 시 연료 및 오일의 소모가 증가할 것에 대비하여 소유자등이 정한 추가의 연료의 양
	계기비행으로 교체비행장이 요구되지 않는 경우	다음 각 호의 양을 더한 양 1. 최초 착륙 예정비행장까지 비행에 필요한 양 2. 최초 착륙 예정비행장에 표준기온으로 450미터(1,500피트)의 상공에서 30분간 체공하는 데 필요한 양에 그 비행장에 접근하여 착륙하는 데 필요한 양을 더한 양 3. 이상사태 발생 시 연료 및 오일의 소모가 증가할 것에 대비하여 소유자등이 정한 추가의 연료의 양
	계기비행으로 적당한 교체비행장이 없을 경우	다음 각 호의 양을 더한 양 1. 최초 착륙 예정비행장까지 비행에 필요한 양 2. 그 비행장의 상공에서 체공속도로 2시간 동안 체공하는 데 필요한 양

비고:

1) 위 표에서 정한 양 외에 비행 중의 기상변화, 비행지연 등을 고려하여 안전하게 비행할 수 있는 양을 따로 실어야 한다.

2) 항공운송사업용 또는 항공기사용사업용 항공기에는 위 표 및 비고 1)에서 정하는 양 외에 항로에서 발동기 1개의 고장 및 여압손실, 계기비행의 경우 계기접근 시 한 번의 실패접근, 착륙 지연이나 연료 및 오일의 증가가 예상되는 조건 등을 고려하여 필요한 양을 더 실어야 한다.

제44조(항공기의 등불) 항공기를 야간(일몰시부터 일출시까지의 사이를 말한다. 이하 같다)에 비행시키거나 비행장에 정류 또는 정박(碇泊)시키는 경우에는 국토해양부령으로 정하는 바에 따라 등불로 항공기의 위치를 나타내야 한다.

항공기의 등불 :

- 항공기가 야간에 공중·지상 또는 수상을 항행하는 경우와 비행장의 이동지역 안에서 이동하거나 엔진이 작동 중인 경우에는 우현등, 좌현등 및 미등(항행등)과 충돌방지등에 의하여 그 항공기의 위치를 나타내야 한다.
- 항공기를 야간에 사용되는 비행장에 정류 또는 정박시키는 경우에는 해당항공기의 항행등을 이용하여 항공기의 위치를 나타내야 한다. 다만, 비행장에 항공기를 조명하는 시설이 있는 경우에는 그러하지 아니하다.
- 항공기는 위치를 나타내는 항행등으로 잘못 인식될 수 있는 다른 등불을 켜서는 아니 된다.
- 조종사는 섬광등이 업무를 수행하는 데 장애를 주거나 외부에 있는 사람에게 눈부심을 주어 위험을 유발할 수 있는 경우에는 섬광등을 끄거나 빛의 강도를 줄여야 한다.

제45조(운항승무원의 조건) 항공운송사업 및 항공기사용사업에 사용되는 항공기를 운항하거나 국외비행에 사용되는 항공기 중 항공기 중량, 승객 좌석 수 등 국토해양부령으로 정하는 기준에 해당하는 항공기를 운항하거나 계기비행, 야간비행 또는 제34조제2항에 따른 조종교육 업무에 종사하려는 운항승무원은 국토해양부령으로 정하는 비행경험(모의비행장치를 이용하여 얻은 비행경험을 포함한다)이 있어야 한다.

조종사의 최근의 비행경험 :

운항승무원 중 조종사는 해당 항공기를 조종하고자 하는 날부터 기산하여 그 이전 90일까지의 사이에 조종하려는 항공기와 같은 형식의 항공기에 탑승하여 이륙 및 착륙을 각각 3회 이상 행한 비행경험이 있어야 한다.

항공기관사의 최근의 비행경험 :
항공운송사업 및 항공기사용사업에 사용되는 항공기의 운항업무에 종사하려는 운항승무원 중 항공기관사는 종사하려는 날부터 기산하여 그 이전 6개월까지의 사이에 항공운송사업 및 항공기사용사업에 사용되는 해당 항공기와 같은 형식의 항공기에 승무하여 50시간 이상 비행한 경험이 있어야 한다.

항공사의 비행경험 :
항공운송사업 및 항공기사용사업에 사용되는 항공기의 운항업무에 종사하려는 운항승무원 중 항공사는 종사하려는 날부터 계산하여 그 이전 1년까지의 사이에 50시간(국내항공운송사업 및 국내항공기사용사업에 사용되는 항공기 운항에 종사하려는 경우에는 25시간) 이상 항공기 운항업무에 종사한 비행경험이 있어야 한다.

계기비행의 경험 :
계기비행에 종사하려는 운항승무원 중 조종사는 계기비행을 하려는 날부터 계산하여 그 이전 6개월까지의 사이에 6회 이상의 계기접근과 6시간 이상의 계기비행(모의계기비행을 포함한다)을 한 경험이 있어야 한다.

조종교육경험 :
조종 교육 업무에 종사하려는 조종사는 조종교육을 하려는 날부터 계산하여 그 이전 1년까지의 사이에 10시간 이상의 조종교육을 한 경험이 있어야 한다.

제46조(승무시간 기준 등) ① 국토해양부장관은 비행의 안전을 고려하여 항공운송사업 또는 항공기사용사업에 종사하는 운항승무원 및 객실승무원(이하 "승무원"이라 한다)의 승무시간, 비행 근무시간 등을 제한할 수 있다.
② 제1항에 따른 승무시간, 비행 근무시간 등의 기준에 관하여 필요한 사

항은 국토해양부령으로 정한다.

운항승무원의 승무시간 등의 기준 등 :

- 운항승무원의 승무시간, 비행근무시간 및 휴식시간의 기준은 다음과 같다. 다만, 천재지변, 기상 악화, 항공기 고장 등 항공기 소유자등이 사전에 예측할 수 없는 상황이 발생한 경우 승무시간 등의 기준은 국토해양부장관이 정하여 고시할 수 있다.
- 항공운송사업자 및 항공기사용사업자는 운항승무원이 피로로 인하여 항공기의 안전운항을 저해하지 아니하도록 세부적인 기준을 운항규정에 정하여야 한다.
- 항공운송사업자 및 항공기사용사업자는 모든 운항승무원의 승무시간, 비행근무시간 및 휴식시간에 대한 최근의 기록을 15개월 이상 보관하여야 한다.

항공법

운항승무원의 승무시간 및 휴식시간 기준

1. 운항승무원의 연속 24시간 동안 최대승무시간 · 비행근무시간 기준

(단위: 시간)

운항승무원 편성	승무시간	비행근무시간
기장 1명	8	13
기장 1명, 기장 외의 조종사 1명	8	13
기장 1명, 기장 외의 조종사 1명 항공기관사 1명	12	15
기장 1명, 기장 외의 조종사 2명	12	16
기장 2명, 기장 외의 조종사 1명	13	17
기장 2명, 기장 외의 조종사 2명	16	20
기장 2명, 기장 외의 조종사 2명 항공기관사 2명	16	20

비고:

1. "승무시간"이란 운항승무원이 비행임무를 수행하기 위하여 항공기에 탑승하여 이륙을 목적으로 항공기가 최초로 움직이기 시작한 시각부터 비행이 종료되어 최종적으로 항공기가 정지한 시각까지의 총 시간을 말한다.
2. "비행근무시간"이란 운항승무원이 비행임무를 수행하기 위하여 항공운송사업자 또는 항공기사용사업자가 지정한 장소에 출두한 시각부터 1개 또는 연속되는 2개 구간 이상의 비행을 종료한 후 디브리핑(Debriefing) 시각까지의 비행준비시간, 승무시간, 지상 또는 기내 휴식시간을 포함한 총시간을 말한다.
3. 연속되는 24시간 동안 12시간을 초과하여 승무할 경우 항공기에는 휴식시설이 있어야 한다.

2. 운항승무원의 연속되는 30일 · 90일 및 연간 최대승무시간 기준

운항승무원 편성	연속 30일	연속 90일	1년
기장 1명	100	280	1,000
기장 1명, 기장 외의 조종사 1명	100	280	1,000
기장 1명, 기장 외의 조종사 1명 항공기관사 1명	120	300	1,000
기장 1명, 기장 외의 조종사 2명	120	300	1,000

기장 2명, 기장 외의 조종사 1명	120	300	1,000
기장 2명, 기장 외의 조종사 2명	120	350	1,000
기장 2명, 기장 외의 조종사 2명 항공기관사 2명	120	350	1,000
비고: 운항승무원의 편성이 불규칙하게 이루어지는 경우 해당 기간 중 가장 많은 시간편성 항목의 최대승무시간 기준을 적용한다.			

3. 운항승무원의 비행근무시간에 따른 최소휴식시간 기준

비행근무시간	휴식 시간
8시간까지	8시간 이상
8시간초과 ~ 9시간까지	9시간 이상
9시간초과 ~ 10시간까지	10시간 이상
10시간초과 ~ 11시간까지	11시간 이상
11시간초과 ~ 12시간까지	12시간 이상
12시간초과 ~ 13시간까지	13시간 이상
13시간초과 ~ 14시간까지	14시간 이상
14시간초과 ~ 15시간까지	15시간 이상
15시간초과 ~ 16시간까지	16시간 이상
16시간초과 ~ 17시간까지	18시간 이상
17시간초과 ~ 18시간까지	20시간 이상
18시간초과 ~ 19시간까지	22시간 이상
19시간초과 ~ 20시간까지	24시간 이상

비고:

1. 항공운송사업자 및 항공기사용사업자는 운항승무원이 승무를 마치고 마지막으로 취한 지상에서의 휴식 이후의 비행근무시간에 따라서 위 표에서 정하는 지상에서의 휴식을 부여해야 한다.
2. 항공운송사업자 및 항공기사용사업자는 운항승무원이 연속되는 7일마다 연속되는 24시간 이상의 휴식을 취할 수 있도록 해야 한다.

객실승무원의 승무시간 기준 :

항공운송사업자는 객실승무원이 비행피로로 인하여 항공기 안전운항에 지장을 초래하지 아니하도록 월간, 3개월간 및 연간 단위의 승무시간 기준을 운항규정에 정하여야 한다. 이 경우 연간 승무시간은 1천 200시간을 초과해서는 아니 된다.

- 항공기에 탑승하여 임무를 수행하는 객실승무원의 수에 따른 연속되는 24시간 동안의 비행근무시간 기준과 비행근무 후의 지상에서의 최소 휴식시간 기준은 다음과 같다. 다만, 천재지변, 기상 악화, 항공기 고장 등 항공기 소유자등이 사전에 예측할 수 없는 상황이 발생한 경우 비행근무시간 등의 기준은 국토해양부장관이 정하여 고시할 수 있다.
- 항공운송사업자는 모든 객실승무원의 승무시간, 비행근무시간 및 휴식시간에 대한 최신의 기록을 15개월 이상 보관하여야 한다.

객실승무원의 비행근무시간 및 휴식시간기준

객실승무원 수	비행근무시간	휴식시간
최소 객실승무원 수	14시간	8시간
최소 객실승무원 수에 1명 추가	16시간	12시간
최소 객실승무원 수에 2명 추가	18시간	12시간
최소 객실승무원 수에 3명 추가	20시간	12시간
비고 : 항공운송사업자는 객실승무원이 연속되는 7일마다 연속되는 24시간 이상의 휴식을 취할 수 있도록 해야 한다.		

제47조(주정음료 등) ① 항공종사자(조종연습을 하는 사람을 포함한다. 이하 이 조에서 같다) 및 객실승무원은 주정성분이 있는 음료나 「마약류관리에 관한 법률」 제2조제1호에 따른 마약류 등(이하 "주정음료등"이라 한다)의 영향으로 항공업무(조종연습을 포함한다. 이하 이 조에서 같다) 또는 객실승무원의 업무를 정상적으로 수행할 수 없는 상태에서는 항공업무 또는 객실승무원의 업무에 종사하여서는 아니 된다.

② 항공종사자 및 객실승무원은 항공업무 또는 객실승무원의 업무에 종사하는 동안에는 주정음료 등을 섭취하거나 사용하여서는 아니 된다.

③ 국토해양부장관은 항공안전과 위험 방지를 위하여 필요하다고 인정하거나 항공종사자 및 객실승무원이 제1항 또는 제2항을 위반하여 항공업무 또는 객실승무원의 업무를 하였다고 인정할 만한 상당한 이유가 있을 때에는 주정음료 등의 섭취 및 사용 여부를 호흡측정기 검사 등의 방법으로 측정할 수 있으며, 항공종사자 및 객실승무원은 이러한 측정에 응하여야 한다.

④ 국토해양부장관은 항공종사자 또는 객실승무원이 제3항에 따른 측정 결과에 불복하면 그 항공종사자 또는 객실승무원의 동의를 받아 혈액 채취 또는 소변 검사 등의 방법으로 주정음료등의 섭취 및 사용 여부를 다시 측정할 수 있다.

⑤ 주정음료등의 영향으로 항공업무 또는 객실승무원의 업무를 정상적으로 수행할 수 없는 상태의 기준은 다음 각 호와 같다.

1. 주정성분이 있는 음료의 섭취로 혈중알코올농도가 0.04퍼센트 이상인 경우
2. 「마약류관리에 관한 법률」 제2조제1호에 따른 마약류를 사용한 경우

⑥ 제1항부터 제5항까지의 규정에 따른 주정음료 등의 종류, 주정음료 등의 측정에 필요한 세부 절차 및 측정기록의 관리 등에 관하여 필요한 사항은 국토해양부령으로 정한다.

주정음료등의 종류 및 측정 등 :

- 주정음료등의 종류로는 인체의 중추신경계통에 영향을 미쳐서 사고력, 집중력, 기억력, 판단력 등에 장애를 일으키는 에틸알코올(C_2H_5OH) 성분이 포함된 발효주, 증류주, 합성주 등과 「마약류관리에 관한 법률」 제2조제1호에 따른 마약류
- 국토해양부장관, 지방항공청장 또는 항공교통센터장은 소속 공무원으로 하여금 주정음료등의 섭취 또는 사용 사실을 측정하게 할 수 있다.
- 주정음료등의 섭취 또는 사용 여부를 적발한 소속 공무원은 다음 서식의 주정음료등 섭취 또는 사용 적발보고서를 작성하여 국토해양부장관, 지방항공청장 또는 항공교통센터장에게 보고하여야 한다.

<table>
<tr><th colspan="5">주정음료 등 섭취 또는 사용 적발보고서</th></tr>
<tr><td>일시</td><td colspan="2"></td><td colspan="2">위반유형</td></tr>
<tr><td>장소</td><td colspan="2"></td><td colspan="2">□ 음주 □ 약물복용</td></tr>
<tr><td rowspan="2">음주</td><td>방법</td><td colspan="3">□ 알콜검사기(기기번호:) □ 채혈검사
□ 기타</td></tr>
<tr><td>결과</td><td colspan="3">혈중알콜 농도: □□□□□ (0. %)</td></tr>
<tr><td rowspan="2">약물복용</td><td>방법</td><td colspan="3">□ 소변검사 □ 채혈검사 □ 기타</td></tr>
<tr><td>종류</td><td colspan="3"></td></tr>
<tr><td rowspan="3">피 검 자
인적사항</td><td>주소</td><td colspan="2"></td><td>전화 </td></tr>
<tr><td>성명</td><td></td><td>생년월일</td><td></td></tr>
<tr><td>소속</td><td></td><td>면허번호</td><td></td></tr>
<tr><td colspan="5">위 작성내용이 사실과 틀림없음을 확인합니다.

성명 (서명 또는 인)</td></tr>
<tr><td colspan="5">위와 같이 적발하였기에 보고합니다.

년 월 일

소속 성명 (서명 또는 인)

국토해양부장관, 지방항공청장, 항공교통센터장 귀하</td></tr>
</table>

210mm×297mm[일반용지 60g/m²(재활용품)]

제48조(신체장애) 제31조제2항에 따른 항공신체검사증명기준에 적합하지 아니한 운항승무원 및 항공교통관제사는 종전 항공신체검사증명의 유효기간이 남아있는 경우에도 항공업무(조종연습을 포함한다)에 종사하여서는 아니 된다.

제49조(항공안전프로그램 등) ① 국토해양부장관은 다음 각 호의 사항이 포함된 항공안전프로그램을 마련하여 고시하여야 한다.

1. 국가의 항공안전에 관한 목표
2. 제1호의 항공안전 목표를 달성하기 위한 항공기 운항, 항공교통업무, 항행시설 운영, 공항 운영 및 항공기 정비 등 세부 분야별 활동에 관한 사항
3. 항공기사고, 항공기준사고 및 항공안전장애 등에 대한 보고체계에 관한 사항
4. 항공안전을 위한 자체조사활동 및 자체 안전감독에 관한 사항
5. 잠재적인 항공안전 위험요소의 식별 및 개선조치의 이행에 관한 사항
6. 지속적인 자체감시와 정기적인 자체안전평가에 관한 사항

② 다음 각 호의 어느 하나에 해당하는 자는 사업을 시작하기 전까지 제1항의 항공안전프로그램에 따라 항공기사고 등의 예방 및 비행안전의 확보를 위한 항공안전관리시스템을 마련하고 국토해양부장관의 승인을 받아 운용하여야 한다. 국토해양부령으로 정하는 중요 사항을 변경할 때에도 또한 같다.

1. 제75조제2항에 따른 항행안전시설의 설치자, 제80조제1항에 따른 항행안전시설의 관리자
2. 제111조의2제1항에 따른 공항운영자
3. 제112조제1항에 따라 국내항공운송사업 또는 국제항공운송사업의 면허를 받은 자, 제132조제1항에 따라 소형항공운송사업의 등록을 한 자(이하 "항공운송사업자"라 한다)

4. 제137조의2제1항에 따라 항공기정비업의 등록을 한 자

③ 국토해양부장관은 항공교통업무를 체계적으로 수행하기 위하여 제1항의 항공안전프로그램에 따라 항공교통 업무에 관한 안전관리시스템을 구축·운용하여야 한다.

④ 다음 각 호의 사항은 국토해양부령으로 정한다.

1. 제1항의 항공안전프로그램의 마련에 필요한 사항
2. 제2항의 항공안전관리시스템에 포함되어야 할 사항, 항공안전관리시스템의 승인기준 및 구축·운용에 필요한 사항
3. 제3항의 항공교통업무 안전관리시스템의 구축·운용에 필요한 사항

항공안전관리시스템에 포함되어야 할 사항 :

〈안전정책 및 목표〉

가. 안전정책 및 경영자의 책임

나. 안전관리자의 책임

다. 안전관리자의 임명

라. 안전관리시스템 이행계획

마. 비상대응계획 및 협의절차

바. 문서관리절차

〈위험요소관리절차〉

가. 위험요소 발굴절차

나. 위험평가 및 경감절차

〈안전보증활동〉

가. 안전성과의 모니터링 및 측정절차

나. 변경관리절차

다. 안전관리시스템 개선절차

〈안전증진활동〉

가. 안전관리 교육·훈련체계

나. 의견 교환절차

- 항공운송사업자는 수집한 비행자료와 그 분석결과를 항공기사고 등을 예방하고 항공안전을 확보할 목적으로만 사용하여야 하며, 그 분석결과가 공개되지 아니하도록 하여야 한다.
- 항공운송사업자는 비행자료의 분석 대상이 되는 항공기의 운항승무원에게는 자료의 분석을 통하여 나타난 결과를 이유로 처벌 등 신분상의 불이익을 주어서는 아니 된다. 다만, 범죄 또는 고의적인 절차 위반행위가 확인되는 경우에는 그러하지 아니하다.

제49조의2(항공기사고 지원계획서) ① 항공운송사업자는 국토해양부령으로 정하는 바에 따라 항공기사고와 관련된 탑승자 및 그 가족의 지원에 관한 계획서(이하 "항공기사고 지원계획서"라 한다)를 국토해양부장관에게 제출하여야 한다. 다만, 항공운송사업의 면허를 받으려는 자는 최초로 면허를 신청할 때 항공기사고 지원계획서를 제출하여야 한다.

② 항공기사고 지원계획서에는 다음 각 호의 사항이 포함되어야 한다.

1. 항공기사고대책본부의 설치 및 운영에 관한 사항
2. 탑승자의 구호 및 보상절차에 관한 사항
3. 유해(遺骸) 및 유품(遺品)의 식별 · 확인 · 관리 · 인도에 관한 사항
4. 탑승자 가족에 대한 통지 및 지원에 관한 사항
5. 그 밖에 국토해양부령으로 정하는 사항

③ 국토해양부장관은 항공기사고 지원계획서의 내용이 신속한 사고 수습을 위하여 적절하지 못하다고 인정하는 경우에는 그 내용의 보완 또는 변경을 명할 수 있다.

④ 항공운송사업자는 항공기사고가 발생하면 항공기사고 지원계획서에 포함된 사항을 지체 없이 이행하여야 한다.

⑤ 국토해양부장관은 제1항 단서에 따른 항공기사고 지원계획서를 제출하지 아니하거나 제3항에 따른 보완 또는 변경 명령을 이행하지 아니한 자에게는 사업면허를 발급하여서는 아니 된다.

제49조의3(항공안전 의무보고) ① 항공기사고, 항공기준사고 또는 항공안전장애를 발생시키거나 항공기사고, 항공기준사고 또는 항공안전장애가 발생한 것을 알게 된 항공종사자 등 관계인은 국토해양부장관에게 그 사실을 보고하여야 한다.

② 제1항에 따른 항공종사자 등 관계인의 범위, 보고에 포함되어야 할 사항, 시기, 보고방법 및 절차 등은 국토해양부령으로 정한다.

항공법

<table>
<tr><td colspan="4" rowspan="5">항공안전 의무보고서
(Aviation Safety Mandatory Report)

※ 작성방법: 해당항목에 ✔하세요.</td><td>보고 구분</td><td colspan="2">보고 분야 구분</td></tr>
<tr><td>□ 항공기사고</td><td colspan="2">□ 항공기운항</td></tr>
<tr><td>□ 항공기준사고</td><td colspan="2">□ 항공기정비</td></tr>
<tr><td>□ 항공안전장애</td><td colspan="2">□ 항공교통관제</td></tr>
<tr><td>□ 기타</td><td colspan="2">□ 공항항행시설</td></tr>
<tr><td>1. 발생유형</td><td colspan="6"></td></tr>
<tr><td>2. 호출부호</td><td colspan="3"></td><td>3. 등록기호</td><td colspan="2"></td></tr>
<tr><td colspan="4">4. 항공기기종(공항 · 항행시설 명칭)</td><td colspan="3"></td></tr>
<tr><td>5. 발생일시(L)</td><td colspan="3">년 월 일 시 분</td><td>6. 발생 장소(공항)</td><td colspan="2"></td></tr>
<tr><td>7. 발생단계</td><td colspan="6">□ 지상 □ 이륙 □ 출발 □ 순항 □ 접근 □ 착륙</td></tr>
<tr><td>8. 비행구간</td><td colspan="4"></td><td>9. 비행고도</td><td></td></tr>
<tr><td>10. 승객수</td><td>명</td><td colspan="2">11. 승무원수</td><td colspan="3">운항승무원 명, 객실승무원 명</td></tr>
<tr><td colspan="4">12. 사망자 명</td><td colspan="3">13. 부상자 명</td></tr>
<tr><td>14. 기상</td><td colspan="3">□ VMC</td><td colspan="3">□ IMC</td></tr>
<tr><td colspan="7">15. 발생 개요

</td></tr>
<tr><td colspan="7">「항공법」 제49조의3, 제50조제5항, 같은 법 시행규칙 제144조제1항에 따라 항공기사고등을 위와 같이 보고 합니다.
년 월 일
보고자 (서명 또는 인)
국토해양부장관 또는 지방항공청장 귀하</td></tr>
<tr><td>17. 사업자의 종류</td><td colspan="6">□ 국내 □ 국제 □ 소형 □ 항공기사용사업 □ 기타</td></tr>
<tr><td>18. 보고자의 성명</td><td colspan="2"></td><td colspan="2">19. 보고자의 연락처</td><td colspan="2"></td></tr>
</table>

210mm×297mm[일반용지 60g/m²(재활용품)]

제49조의4(항공안전 자율보고) ① 항공기사고, 항공기준사고 및 항공안전장애 외에 항공안전을 해치거나 해칠 우려가 있는 경우로서 국토해양부령으로 정하는 상태(이하 "경미한 항공안전장애"라 한다)를 발생시켰거나 경미한 항공안전장애가 발생한 것을 안 사람 또는 경미한 항공안전장애가 발생될 것이 예상된다고 판단하는 사람은 국토해양부령으로 정하는 바에 따라 국토해양부장관에게 그 사실을 보고(이하 "항공안전 자율보고"라 한다)할 수 있다.

② 국토해양부장관은 제1항에 따라 항공안전 자율보고를 한 사람의 의사에 반하여 보고자의 신분을 공개하여서는 아니 된다.

③ 제33조제1항제5호부터 제19호까지 또는 제21호부터 제30호까지의 어느 하나에 해당하는 위반행위로 경미한 항공안전장애를 발생시킨 사람이 그 장애가 발생한 날부터 10일 이내에 제1항에 따른 보고를 한 경우에는 제33조제1항에 따른 처분을 하지 아니할 수 있다. 다만, 고의 또는 중대한 과실로 경미한 항공안전장애를 발생시킨 경우에는 그러하지 아니하다.

④ 항공안전 자율보고에 포함되어야 할 사항, 보고방법 및 절차 등은 국토해양부령으로 정한다.

항공안전 자율보고의 절차 :

〈경미한 항공안전장애〉

1. 공항 내 또는 공항 근처에 항공안전을 해칠 우려가 있는 장애물 또는 위험물의 방치나 표식의 오류 등이 있는 경우
2. 항공기 운항 중 항로 또는 고도로부터 위험을 초래하지 않는 이탈을 한 경우
3. 같은 시간대에 관제에 혼란을 초래할 가능성이 있는 유사 호출부호가 사용된 경우
4. 운항 또는 정비업무 중 정비 결함을 유발할 수 있는 혼동·오류가 있는 데이터 또는 절차가 있는 경우
5. 항공안전을 해칠 우려가 있는 절차나 제도 등이 발견된 경우
6. 항공기 운항 중 공항시설 또는 항로 등에서 항공안전을 저해할 우려가 있는 상

태를 발견한 경우

7. 항공정보간행물 또는 항공기 운항에 사용되는 지도 등에서 항공안전을 해칠 우려가 있는 표기 등을 발견한 경우
8. 인적요소(Human factor)를 통한 항공안전을 해칠 요인이 감지된 경우
9. 그 밖에 국토해양부장관이 정하여 고시하는 사항

제50조(기장의 권한 등) ① 항공기의 비행 안전에 대하여 책임을 지는 사람(이하 "기장"이라 한다)은 그 항공기의 승무원을 지휘 · 감독한다.
② 기장은 국토해양부령으로 정하는 바에 따라 항공기의 운항에 필요한 준비가 끝난 것을 확인한 후가 아니면 항공기를 출발시켜서는 아니 된다.
③ 기장은 항공기나 여객에 위난(危難)이 발생하였거나 발생할 우려가 있다고 인정될 때에는 항공기에 있는 여객에게 피난방법과 그 밖에 안전에 관하여 필요한 사항을 명할 수 있다.
④ 기장은 항행 중 그 항공기에 위난이 발생하였을 때에는 여객을 구조하고, 지상 또는 수상(水上)에 있는 사람이나 물건에 대한 위난 방지에 필요한 수단을 마련하여야 하며, 여객과 그 밖에 항공기에 있는 사람을 그 항공기에서 나가게 한 후가 아니면 항공기를 떠나서는 아니 된다.
⑤ 기장은 항공기사고, 항공기준사고 또는 항공안전장애가 발생하였을 때에는 국토해양부령으로 정하는 바에 따라 국토해양부장관에게 그 사실을 보고하여야 한다. 다만, 기장이 보고할 수 없는 경우에는 그 항공기의 소유자등이 보고를 하여야 한다.
⑥ 기장은 다른 항공기에서 항공기사고, 항공기준사고 또는 항공안전장애가 발생한 것을 알았을 때에는 국토해양부령으로 정하는 바에 따라 국토해양부장관에게 그 사실을 보고하여야 한다. 다만, 무선설비를 통하여 그 사실을 안 경우에는 그러하지 아니하다.

출발 전의 확인 :

– 항공기 출발 전 기장이 확인해야 하는 사항

1. 해당 항공기의 감항성 및 등록 여부와 감항증명서 및 등록증명서의 탑재
2. 해당 항공기의 운항을 고려한 이륙중량, 착륙중량, 중심위치 및 중량분포
3. 예상되는 비행조건을 고려한 의무무선설비 및 항공계기 등의 장착
4. 해당 항공기의 운항에 필요한 기상정보 및 항공정보
5. 연료 및 오일의 탑재량과 그 품질
6. 위험물을 포함한 적재물의 적절한 분배 여부 및 안정성
7. 해당 항공기와 그 장비품의 정비 및 정비 결과
8. 그 밖에 항공기의 안전운항을 위하여 국토해양부장관이 필요하다고 인정하여 고시하는 사항

- 그 밖에 다음 사항을 점검하여야 한다.

1. 항공일지 및 정비에 관한 기록의 점검
2. 항공기의 외부 점검
3. 발동기의 지상 시운전 점검
4. 그 밖에 항공기의 작동사항 점검

제51조(조종사의 운항자격) ① 항공운송사업에 사용되는 항공기의 기장 또는 국외비행에 사용되는 항공기 중 항공기중량, 승객 좌석 수 등 국토해양부령으로 정하는 기준에 해당하는 항공기의 기장은 지식 및 기량에 관하여, 기장 외의 조종사는 기량에 관하여 국토해양부장관의 자격인정을 받아야 한다.

② 국토해양부장관은 제1항에 따른 자격인정을 받은 사람에 대하여 그 지식 및 기량의 유무를 정기적으로 심사하여야 하며, 특히 필요하다고 인정하는 경우에는 수시로 지식 및 기량의 유무를 심사할 수 있다.

③ 국토해양부장관은 제1항에 따른 자격인정을 받은 사람이 제2항에 따른 심사를 받지 아니하거나 그 심사에 합격하지 못한 경우에는 그 자격인정을 취소하여야 한다.

④ 국토해양부장관은 필요하다고 인정할 때에는 그가 지정한 항공운송사업자의 면허를 받은 자(이하 "지정항공운송사업자"라 한다)로 하여금 소속

조종사에 대하여 제1항에 따른 자격인정 또는 제2항에 따른 심사를 하게 할 수 있다.

⑤ 제4항에 따라 자격인정을 받거나 그 심사에 합격한 조종사는 제1항에 따른 자격인정 및 제2항에 따른 심사를 받은 것으로 본다. 이 경우 제3항을 준용한다.

⑥ 국토해양부장관은 제4항에도 불구하고 필요하다고 인정할 때에는 국토해양부령으로 정하는 조종사에 대하여 제2항에 따른 심사를 할 수 있다.

⑦ 항공운송사업에 종사하는 항공기의 기장은 운항하려는 지역, 노선 및 공항(국토해양부령으로 정하는 지역, 노선 및 공항에 관한 것만 해당한다)에 대한 경험 요건을 갖추어야 한다.

⑧ 제1항부터 제7항까지의 규정에 따른 자격인정 · 심사 또는 경험 요건 등에 관하여 필요한 사항은 국토해양부령으로 정한다.

기장의 운항자격인정을 위한 지식 요건 :

항공운송사업에 사용되는 항공기 및 비행기의 기장은 운항하려는 지역, 노선 및 공항에 대하여 다음의 사항에 관한 지식이 있어야 한다.

1. 지형 및 최저안전고도
2. 계절별 기상 특성
3. 기상, 통신 및 항공교통시설 업무와 그 절차
4. 수색 및 구조 절차
5. 운항하려는 지역 또는 노선과 관련된 장거리 항법절차가 포함된 항행안전시설 및 그 이용절차
6. 인구밀집지역 상공 및 항공교통량이 많은 지역 상공의 비행경로에서 적용되는 비행절차
7. 장애물, 등화시설, 접근을 위한 항행안전시설, 목적지 공항 혼잡지역 및 도면
8. 항로절차, 목적지 상공 도착절차, 출발절차, 체공절차 및 공항이 포함된 인가된 계기접근 절차

9. 공항 운영 최저기상치

10. 항공고시보

11. 운항규정

조종사의 운항자격인정을 위한 기량 요건 :

항공운송사업에 사용되는 항공기 및 비행기의 조종사는 운항하려는 지역, 노선 및 공항에 대하여 해당 형식의 항공기에 대한 정상 상태에서의 조종기술과 비정상 상태에서의 조종기술 및 비상절차 수행능력이 있어야 한다.

조종사의 운항자격인정 :

조종사의 운항자격인정은 항공기 형식과 운항하려는 지역, 노선 및 공항에 대한 것으로 한정한다.

제51조의2(모의비행장치에 따른 조종사의 운항자격 심사 등의 실시) 국토해양부장관은 비상시의 조치 등 실제의 항공기로 제51조에 따른 인정 및 심사를 하기 곤란한 사항에 대하여는 제29조의2제3항에 따라 국토해양부장관이 지정한 모의비행장치를 이용하여 제51조에 따른 조종사의 자격인정 및 심사를 할 수 있다.

제52조(운항관리사) ① 항공운송사업자와 항공기 중량, 승객 좌석 수 등 국토해양부령으로 정하는 기준에 해당하는 항공기로 국외를 운항하려는 자는 국토해양부령으로 정하는 바에 따라 운항관리사를 두어야 한다.
② 제1항에 따라 운항관리사를 두어야 하는 자가 운항하는 항공기의 기장은 항공기를 출발시키거나 비행계획을 변경하려는 경우에는 운항관리사의 승인을 받아야 한다.
③ 제1항에 따라 운항관리사를 두어야 하는 자는 국토해양부령으로 정하는 바에 따라 운항관리사가 해당 업무를 원활하게 수행하는 데에 필요한 지식 및 경험을 갖출 수 있도록 필요한 교육훈련을 하여야 한다.

운항관리사에 대한 교육훈련 :

운항관리사를 두어야 하는 자는 운항관리사가 다음의 지식 및 경험 등을 갖출 수 있도록 교육훈련계획을 수립하고 매년 1회 이상 교육훈련을 실시하여야 하며, 운항관리사가 해당 업무와 관련된 항공기의 운항 사항을 항상 알고 있도록 하여야 한다.

1. 운항하려는 지역에 대한 다음의 지식
   가. 계절별 기상조건
   나. 기상정보의 출처
   다. 기상조건이 운항 예정인 항공기에서 무선통신을 수신하는 데 미치는 영향
   라. 화물 탑재 절차 등
2. 해당 항공기 및 그 장비품에 대한 다음의 지식
   가. 운항규정의 내용
   나. 무선통신장비 및 항행장비의 특성과 제한사항
3. 운항 감독을 하도록 지정된 지역에 대해 최근 12개월 이내에 항공기 조종실에 탑승하여 1회 이상의 편도비행(해당지역에 있는 비행장 및 헬기장에서의 착륙을 포함한다)을 한 경험(항공운송사업자에 소속된 운항관리사만 해당한다)
4. 업무 수행에 필요한 다음의 능력
   가. 인적요소(Human Factor)와 관련된 지식 및 기술
   나. 기장에 대한 비행준비의 지원
   다. 기장에 대한 비행 관련 정보의 제공
   라. 기장에 대한 운항비행계획서(Operational Flight Plan) 및 비행계획서의 작성 지원
   마. 비행 중인 기장에게 필요한 안전 관련 정보의 제공
   바. 비상시 운항규정에서 정한 절차에 따른 조치

제53조(이착륙의 장소) 항공기(활공기는 제외한다)는 육상에서는 비행장이 아닌 곳에서, 수상에서는 국토해양부령으로 정하는 장소가 아닌 곳에서 이륙하거나 착륙하여서는 아니 된다. 다만, 불가피한 사유가 있는 경우로

서 국토해양부장관의 허가를 받은 경우에는 그러하지 아니하다.

비행장 외의 장소에의 이착륙 허가 신청 :

비행장 외의 장소(운항하려는 항공기에 요구되는 비행장 기준에 맞지 아니하는 비행장을 포함한다)에서 이륙하거나 착륙하고자 하는 자는 다음의 사항을 적은 비행장 외의 장소 이착륙 허가신청서를 국토해양부장관 또는 지방항공청장에게 제출하여야 한다.

1. 성명 및 주소
2. 항공기의 형식 및 등록부호
3. 이륙 또는 착륙하려는 일시 및 장소(해당 장소의 약도를 첨부할 것)
4. 이륙 또는 착륙하려는 이유
5. 사고를 방지하기 위한 조치
6. 비행계획의 개요(비행의 목적 · 일시 및 경로를 적을 것)
7. 조종사의 성명과 자격
8. 그 밖에 참고가 될 사항

– 비행장 외의 장소에 6개월 이내의 범위에서 이륙 또는 착륙하고자 하는 자는 이륙 또는 착륙하려는 장소를 정하여 해당 장소에서의 이륙 또는 착륙의 허가를 신청할 수 있다. 이 경우 허가를 받으려는 자는 이륙 또는 착륙하려는 장소가 항공기의 이륙 또는 착륙에 안전한 장소임을 증명하는 서류를 제출하여야 한다.

제54조(비행규칙 등) ① 항공기를 운항하려는 사람은 「국제민간항공조약」 및 같은 조약 부속서에 따라 국토해양부령으로 정하는 비행에 관한 기준 · 절차 · 방식 등(이하 "비행규칙"이라 한다)에 따라 비행하여야 한다.

② 비행규칙은 다음 각 호와 같이 구분한다.

1. 재산 및 인명을 보호하기 위한 비행절차 등 일반적인 사항에 관한 규칙
2. 시계비행에 관한 규칙
3. 계기비행에 관한 규칙

4. 비행계획의 작성 · 제출 · 접수 및 통보 등에 관한 규칙
5. 그 밖에 비행안전을 위하여 필요한 사항에 관한 규칙

비행규칙의 준수 등 :

- 기장은 비행규칙에 따라 비행하여야 한다. 다만, 안전을 위하여 불가피한 경우에는 그러하지 아니하다.
- 기장은 비행을 하기 전에 현재의 기상관측보고, 기상예보, 소요 연료량, 대체 비행경로, 그 밖에 비행에 필요한 정보를 숙지하여야 한다.
- 기장은 인명이나 재산에 피해가 발생하지 아니하도록 주의하여 비행하여야 한다.
- 기장은 다른 항공기 또는 그 밖의 물체와 충돌하지 아니하도록 비행하여야 하며, 공중충돌경고장치의 회피지시가 발생한 경우에는 그 지시에 따라 회피기동을 하는 등 충돌을 예방하기 위한 조치를 하여야 한다.

최저비행고도 :

- 시계비행방식으로 비행하는 항공기
  가. 사람 또는 건축물이 밀집된 지역의 상공에서는 해당 항공기를 중심으로 수평거리 600미터 범위 안의 지역에 있는 가장 높은 장애물의 상단에서 300미터(1천피트)의 고도
  나. 그 외의 지역에서는 지표면 · 수면 또는 물건의 상단에서 150미터(500피트)의 고도
- 계기비행방식으로 비행하는 항공기
  가. 산악지역에서는 항공기를 중심으로 반지름 8킬로미터 이내에 위치한 가장 높은 장애물로부터 600미터의 고도
  나. 그 외의 지역에서는 항공기를 중심으로 반지름 8킬로미터 이내에 위치한 가장 높은 장애물로부터 300미터의 고도

최저비행고도 아래에서의 비행허가 :

최저비행고도 아래에서 비행하려는 자는 다음의 사항을 적은 비행허가 신청서를

지방항공청장에게 제출하여야 한다.

1. 성명 및 주소
2. 항공기의 형식 및 등록부호
3. 비행계획의 개요(비행의 목적, 일시, 경로 및 고도를 기재할 것)
4. 최저비행고도 아래에서 비행을 하려는 이유
5. 조종사의 성명 및 자격
6. 동승자의 성명 및 동승의 목적
7. 그 밖에 참고가 될 사항

항공기의 지상이동 :

비행장 안의 이동지역에서 이동하는 항공기는 충돌예방을 위하여 다음의 기준에 따라야 한다.

1. 정면 또는 이와 유사하게 접근하는 항공기 상호간에는 모두 정지하거나 가능한 경우에는 충분한 간격이 유지되도록 각각 오른쪽으로 진로를 바꿀 것
2. 교차하거나 이와 유사하게 접근하는 항공기 상호간에는 다른 항공기를 우측으로 보는 항공기가 진로를 양보할 것
3. 추월하는 항공기는 다른 항공기의 통행에 지장을 주지 아니하도록 충분한 분리간격을 유지할 것
4. 기동지역에서 지상이동 하는 항공기는 관제탑의 지시가 없는 경우에는 활주로진입전대기지점(Runway Holding Position)에서 정지 · 대기할 것
5. 기동지역에서 지상이동하는 항공기는 정지선등(Stop Bar Lights)이 켜져 있는 경우에는 정지 · 대기하고, 정지선 등이 꺼질 때에 이동할 것

비행장 또는 그 주변에서의 비행 :

1. 이륙하려는 항공기는 안전고도 미만의 고도 또는 안전속도 미만의 속도에서 선회하지 말 것
2. 해당 비행장의 이륙기상최저치 미만의 기상상태에서는 이륙하지 말 것
3. 해당 비행장의 시계비행 착륙기상최저치 미만의 기상상태에서는 시계비행방식

으로 착륙을 시도하지 말 것

4. 터빈발동기를 장착한 이륙항공기는 지표 또는 수면으로부터 450미터(1천500피트)의 고도까지 가능한 한 신속히 상승할 것. 다만, 소음 감소를 위하여 국토해양부장관이 달리 비행방법을 정한 경우에는 그러하지 아니하다.
5. 해당 비행장을 관할하는 항공교통관제기관과 무선통신을 유지할 것
6. 비행로, 교통장주(交通長周), 그 밖에 해당 비행장에 대하여 정하여진 비행 방식 및 절차에 따를 것
7. 다른 항공기 다음에 이륙하려는 항공기는 그 다른 항공기가 이륙하여 활주로의 종단을 통과하기 전에는 이륙을 위한 활주를 시작하지 말 것
8. 다른 항공기 다음에 착륙하려는 항공기는 그 다른 항공기가 착륙하여 활주로 밖으로 나가기 전에는 착륙하기 위하여 그 활주로 시단을 통과하지 말 것
9. 이륙하는 다른 항공기 다음에 착륙하려는 항공기는 그 다른 항공기가 이륙하여 활주로의 종단을 통과하기 전에는 착륙하기 위하여 해당 활주로의 시단을 통과하지 말 것
10. 착륙하는 다른 항공기 다음에 이륙하려는 항공기는 그 다른 항공기가 착륙하여 활주로 밖으로 나가기 전에 이륙하기 위한 활주를 시작하지 말 것
11. 기동지역 및 비행장 주변에서 비행하는 항공기를 관찰할 것
12. 다른 항공기가 사용하고 있는 교통장주를 회피하거나 지시에 따라 비행할 것
13. 비행장에 착륙하기 위하여 접근하거나 이륙 중 선회가 필요할 경우에는 달리 지시를 받은 경우를 제외하고는 좌선회할 것
14. 비행안전, 활주로의 배치 및 항공교통상황 등을 고려하여 필요한 경우를 제외하고는 바람이 불어오는 방향으로 이륙 및 착륙할 것

- 규정에도 불구하고 항공교통관제기관으로부터 다른 지시를 받은 경우에는 그 지시에 따라야 한다.

순항고도 :

1. 항공기가 관제구 또는 관제권을 비행하는 경우에는 항공교통관제기관이 법에 따라 지시하는 고도

2. 1 외의 경우에는 별도로 정한 고도

3. 국토해양부장관이 수직분리축소공역(RVSM)으로 정하여 고시한 공역의 경우에는 별도로 정한 고도

– 항공기의 순항고도는 다음의 구분에 따라 표현되어야 한다.

1. 순항고도가 전이고도를 초과하는 경우 : 비행고도(Flight Level)
2. 순항고도가 전이고도 이하인 경우 : 고도(Altitude)

통행의 우선순위 :

– 교차하거나 그와 유사하게 접근하는 고도의 항공기 상호간에는 다음에 따라 진로를 양보하여야 한다.

1. 동력항공기는 비행선, 활공기 및 기구류에 진로를 양보할 것
2. 동력항공기는 항공기 또는 물건을 예항(曳航)하는 다른 항공기에 진로를 양보할 것
3. 비행선은 활공기 및 기구류에 진로를 양보할 것
4. 활공기는 기구류에 진로를 양보할 것
5. 1～4까지의 경우를 제외하고는 다른 항공기를 우측으로 보는 항공기가 진로를 양보할 것

– 비행 중이거나 지상 또는 수상에서 운항 중인 항공기는 착륙 중이거나 착륙하기 위하여 최종접근 중인 항공기에 진로를 양보하여야 한다.

– 착륙을 위하여 비행장에 접근하는 항공기 상호간에는 높은 고도에 있는 항공기가 낮은 고도에 있는 항공기에 진로를 양보하여야 한다. 이 경우 낮은 고도에 있는 항공기는 최종 접근단계에 있는 다른 항공기의 전방에 끼어들거나 그 항공기를 추월해서는 아니 된다.

– 동력항공기는 활공기에 진로를 양보하여야 한다.

– 비상착륙하는 항공기를 인지한 항공기는 그 항공기에 진로를 양보하여야 한다.

– 비행장 안의 기동지역에서 운항하는 항공기는 이륙 중이거나 이륙하려는 항공기에 진로를 양보하여야 한다.

진로와 속도 등 :

- 통행의 우선순위를 가진 항공기는 그 진로와 속도를 유지하여야 한다.
- 다른 항공기에 진로를 양보하는 항공기는 그 다른 항공기의 상하 또는 전방을 통과해서는 아니 된다. 다만, 충분한 거리 및 항적난기류(航跡亂氣流)의 영향을 고려하여 통과하는 경우에는 그러하지 아니하다.
- 두 항공기가 충돌할 위험이 있을 정도로 정면 또는 이와 유사하게 접근하는 경우에는 서로 기수(機首)를 오른쪽으로 돌려야 한다.
- 다른 항공기의 후방 좌우 70도 미만의 각도에서 그 항공기를 추월(상승 또는 강하에 의한 추월을 포함한다)하려는 항공기는 추월당하는 항공기의 오른쪽을 통과하여야 한다. 이 경우 추월하는 항공기는 추월당하는 항공기와 간격을 유지하며, 추월당하는 항공기의 진로를 방해해서는 아니 된다.

비행속도의 유지 :

항공기는 지표면으로부터 750미터(2천500피트)를 초과하고, 평균해면으로부터 3천50미터(1만피트) 미만인 고도에서는 지시대기속도 250노트 이하로 비행하여야 한다. 다만, 관할 항공교통관제기관의 승인을 받은 경우에는 그러하지 아니하다.

시계비행의 금지 :

시계비행방식으로 비행하는 항공기는 해당 비행장의 운고(Ceiling)가 450미터(1천500피트) 미만 또는 지상시정이 5킬로미터 미만인 경우에는 관제권 안의 비행장에서 이륙 또는 착륙을 하거나 관제권 안으로 진입할 수 없다. 다만, 관할 항공교통관제기관의 허가를 받은 경우에는 그러하지 아니하다.

- 야간에 시계비행방식으로 비행하는 항공기는 지방항공청장 또는 해당 비행장의 운영자가 정하는 바에 따라야 한다.
- 항공기는 다음의 어느 하나에 해당되는 경우에는 기상상태에 관계없이 계기비행방식에 따라 비행하여야 한다. 다만, 관할 항공교통관제기관의 허가를 받은 경우에는 그러하지 아니하다.

  1. 평균해면으로부터 6천100미터(2만피트)를 초과하는 고도로 비행하는 경우

2. 천음속(遷音速) 또는 초음속(超音速)으로 비행하는 경우

- 300미터(1천피트) 수직분리최저치가 적용되는 8천850미터(2만9천피트) 이상 1만2천500미터(4만1천피트) 이하의 수직분리축소공역에서는 시계비행방식으로 운항해서는 아니 된다.
- 시계비행방식으로 비행하는 항공기는 최저비행고도 미만의 고도로 비행해서는 아니 된다. 다만, 다음의 경우에는 그러하지 아니하다.

1. 이륙하거나 착륙하는 경우
2. 항공교통업무기관의 허가를 받은 경우
3. 비상상황의 경우로서 지상의 사람이나 재산에 위해를 주지 아니하고 착륙할 수 있는 고도인 경우

시계비행방식에 의한 비행 :

- 시계비행방식으로 비행하는 항공기는 지표면 또는 수면상공 900미터(3천피트) 이상을 비행할 경우에는 별도로 정한 규정 순항고도에 따라 비행하여야 한다.

특별시계비행 :

- 예측할 수 없는 급격한 기상의 악화 등 부득이한 사유로 관할 항공교통관제기관으로부터 특별시계비행허가를 받은 항공기의 조종사는 다음의 기준에 따라 비행하여야 한다.

1. 허가받은 관제권 안을 비행할 것
2. 구름을 피하여 비행할 것
3. 비행시정을 1천500미터 이상 유지하며 비행할 것
4. 지표 또는 수면을 계속하여 볼 수 있는 상태로 비행할 것
5. 조종사가 계기비행을 할 수 있는 자격이 없거나 항공계기를 갖추지 아니한 항공기로 비행하는 경우에는 주간에만 비행할 것. 다만, 회전익항공기는 야간에도 비행할 수 있다.

- 특별시계비행을 하는 경우(회전익항공기가 특별시계비행을 하는 경우는 제외한다)에는 다음의 조건에서만 이륙하거나 착륙할 수 있다.

1. 지상시정이 1천500미터 이상일 것
2. 지상시정이 보고되지 아니한 경우에는 비행시정이 1천500미터 이상일 것

비행계획에 포함되어야 할 사항 :

1. 항공기의 식별부호
2. 비행의 방식 및 종류
3. 항공기의 대수 · 형식 및 최대이륙중량 등급
4. 탑재장비
5. 출발비행장 및 출발 예정시간
6. 순항속도, 순항고도 및 예정항로
7. 최초 착륙예정 비행장 및 총 예상 소요 비행시간
8. 교체비행장
9. 시간으로 표시한 연료탑재량
10. 출발 전에 연료탑재량으로 인하여 비행 중 비행계획의 변경이 예상되는 경우에는 변경될 목적비행장 및 비행경로에 관한 사항
11. 탑승 총 인원(탑승수속상 불가피한 경우에는 해당 항공기가 이륙한 직후에 제출할 수 있다)
12. 비상무선주파수 및 구조장비
13. 기장의 성명(편대비행의 경우에는 편대 책임기장의 성명)
14. 낙하산 강하의 경우에는 그에 관한 사항
15. 그 밖에 항공교통관제와 수색 및 구조에 참고가 될 수 있는 사항

고도, 항공로 등의 변경 :

비행계획에 포함된 고도, 항공로 및 목적비행장에 관한 사항을 변경하려는 항공기는 다음의 구분에 따른 정보를 관할 항공교통관제기관에 통보하여야 한다.

1. 순항고도의 변경 : 항공기의 식별부호, 변경하려는 순항고도 · 속도 및 다음 비행정보구역 경계 도착 예정시간
2. 항공로의 변경 : 항공기의 식별부호, 비행의 방식, 변경 항공로, 변경 예정시간,

그 밖에 항공로의 변경에 필요한 정보

3. 목적비행장의 변경: 항공기 호출부호, 비행의 방식, 목적비행장까지의 변경 항공로, 변경 예정시간, 교체비행장, 그 밖에 비행장 · 항공로의 변경에 필요한 정보

교체비행장 :

항공운송사업에 사용되거나 항공운송사업을 제외한 국외비행에 사용되는 비행기를 운항하려는 경우에는 교체비행장을 지정하여야 한다.

1. 출발비행장의 기상상태가 비행장 운영 최저치(aerodrome operating minima) 이하이거나 그 밖의 다른 이유로 출발비행장으로 되돌아올 수 없는 경우 : 이륙 교체비행장(take-off alternate aerodrome)
2. 쌍발비행기로서 1개의 발동기가 작동하지 아니할 때의 순항속도로 가장 가까운 공항까지 비행하여 착륙할 수 있는 시간이 1시간을 초과하는 지점이 있는 노선을 운항하려는 경우 : 항로 교체비행장(en-route alternate aerodrome). 이 경우 항로 교체비행장은 승인을 받은 최대회항시간 이내에 도착 가능한 지역에 있어야 한다.
3. 계기비행방식에 따라 비행하려는 경우 : 1개 이상의 목적지 교체비행장(destination alternate aerodrome).
   가. 최초 착륙예정 비행장(aerodrome of intended landing)의 기상상태가 비행하는 동안 또는 도착 예정시간에 양호해질 것이 확실시 되고, 도착 예정시간 전 · 후의 일정 시간 동안 시계비행 기상상태에서 접근하여 착륙할 것이 확실히 예상되는 경우
   나. 최초 착륙예정 비행장이 외딴 지역에 위치하고 적합한 목적지 교체비행장이 없는 경우

이륙교체비행장은 다음의 요건을 갖추어야 한다.

1. 쌍발비행기의 경우에는 1개의 발동기가 작동하지 아니할 때의 순항속도로 출발비행장으로부터 1시간의 비행거리 이내인 지역에 있을 것
2. 3발 이상의 비행기의 경우에는 1개의 발동기가 작동하지 아니할 때의 순항속도

로 출발비행장으로부터 2시간의 비행거리 이내인 지역에 있을 것

3. 예상되는 이용시간 동안의 기상조건이 해당 운항에 대한 공항운영 최저치 이상일 것

최초 착륙예정 비행장 등의 기상상태 :

- 이륙 교체비행장의 기상상태는 해당 비행기의 도착 예정시간에 비행장 운영 최저치 이상이어야 한다.
- 최초 착륙예정 비행장의 기상정보를 이용할 수 있거나 목적지 교체비행장의 지정이 요구되는 경우에는 최소 1개의 목적지 교체비행장의 기상상태가 도착 예정시간에 해당 비행장 운영 최저치 이상일 경우에 비행을 시작하여야 한다.
- 목적지 교체비행장의 지정이 요구되는 경우에는 최초 착륙예정 비행장과 최소 1개의 목적지 교체비행장의 기상상태가 도착 예정시간에 해당 비행장 운영 최저치 이상일 경우에 비행을 시작하여야한다.

비행계획의 종료 :

항공기는 도착비행장에 착륙하는 즉시 관할 항공교통업무기관에 다음의 사항을 포함하는 도착보고를 하여야 한다.

1. 항공기의 식별부호
2. 출발비행장
3. 도착비행장
4. 목적비행장(목적비행장이 따로 있는 경우만 해당한다)
5. 착륙시간

- 도착비행장에 착륙한 후 도착보고를 할 수 있는 적절한 통신시설 등이 제공되지 아니하는 경우에는 착륙 직전에 관할 항공교통업무기관에 도착보고를 하여야 한다.

통신 :

- 관제비행을 하는 항공기는 관할 항공교통관제기관과 공대지 양방향 무선통신을

유지하고 그 항공교통관제기관의 음성통신을 경청하여야 한다.

- 무선통신을 유지할 수 없는 항공기(통신두절항공기)는 국토해양부장관이 고시하는 교신절차에 따라야 하며, 관제비행장의 기동지역 또는 주변을 운항하는 항공기는 관제탑의 시각 신호에 따른 지시를 계속 주시하여야 한다.
- 통신두절항공기는 시계비행 기상상태인 경우에는 시계비행방식으로 비행을 계속하여 가장 가까운 착륙 가능한 비행장에 착륙한 후 도착 사실을 지체 없이 관할 항공교통관제기관에 통보하여야 한다.

위치보고 :

관제비행을 하는 항공기는 국토해양부장관이 정하여 고시하는 위치통지점에서 가능한 한 신속히 항공교통업무기관에 보고(위치보고)하여야 한다. 다만, 레이더에 의하여 관제를 받는 경우로서 관할 항공교통관제기관이 별도로 위치보고를 요구하지 아니하는 경우에는 그러하지 아니하다.

1. 항공기의 식별부호
2. 해당 위치통지점의 통과시각과 고도
3. 그 밖에 항공기의 안전항행에 영향을 미칠 수 있는 사항

- 관제비행을 하는 항공기는 비행 중에 관할 항공교통업무기관으로부터 위치보고를 요청받은 경우에는 즉시 위치보고를 하여야 한다.
- 관제비행을 하는 항공기로서 데이터링크통신을 이용하여 위치보고를 하는 항공기는 관할 항공교통관제기관이 요구하는 경우에는 음성통신을 이용하여 위치보고를 하여야 한다.

관제의 종결 :

관제비행을 하는 항공기는 항공교통관제업무를 제공받아야 할 상황이 끝나는 즉시 그 사실을 관할 항공교통관제기관에 통보하여야 한다. 다만, 관제비행장에 착륙하는 경우에는 그러하지 아니하다.

신호 :

- 항공기는 정해진 신호를 인지하거나 수신할 경우에는 그 신호에 따라 요구되는 조치를 하여야 한다.
- 신호로 오인될 수 있는 신호를 사용해서는 아니 된다.
- 항공기 유도원(誘導員)은 시행규칙에 지정된 유도신호를 명확하게 하여야 한다.

시간 :

항공기의 운항과 관련된 시간을 전파하거나 보고하려는 자는 국제표준시(UTC : Coordinated Universal Time)를 사용하여야 하며, 시각은 자정을 기준으로 하루 24시간을 시·분으로 표시하되, 필요하면 초 단위까지 표시하여야 한다.

- 관제비행을 하려는 자는 관제비행의 시작 전과 비행 중에 필요하면 시간을 점검하여야 한다.
- 데이터링크통신에 따라 시간을 이용하려는 경우에는 국제표준시를 기준으로 1초 이내의 정확도를 유지·관리하여야 한다.

곡예비행 :

1. 항공기를 뒤집어서 하는 비행
2. 항공기를 옆으로 세우거나 회전시키며 하는 비행
3. 항공기를 급강하시키거나 급상승시키는 비행
4. 항공기를 나선형으로 강하시키거나 실속(失速)시켜 하는 비행
5. 그 밖에 항공기의 비행자세, 고도 또는 속도를 비정상적으로 변화시켜 하는 비행

곡예비행 금지구역 :

1. 사람 또는 건축물이 밀집한 지역의 상공
2. 관제구 및 관제권
3. 지표로부터 450미터(1천500피트) 미만의 고도
4. 해당 항공기를 중심으로 반지름 500미터 범위 안의 지역에 있는 가장 높은 장애물의 상단으로부터 500미터 이하의 고도(활공기의 경우는 제외한다)

5. 활공기의 경우 해당 활공기를 중심으로 반지름 300미터 범위 안의 지역에 있는 가장 높은 장애물의 상단으로부터 300미터 이하의 고도

제55조(비행 중 금지행위 등) 항공기를 운항하려는 사람은 사람과 재산을 보호하기 위하여 다음 각 호의 어느 하나에 해당하는 비행 또는 행위를 하여서는 아니 된다. 다만, 국토해양부령으로 정하는 바에 따라 국토해양부장관의 허가를 받은 경우에는 그러하지 아니하다.

1. 국토해양부령으로 정하는 최저비행고도(最低飛行高度) 아래에서의 비행
2. 물건의 투하(投下) 또는 살포
3. 낙하산 강하(降下)
4. 국토해양부령으로 정하는 구역에서 뒤집어서 비행하거나 옆으로 세워서 비행하는 등의 곡예비행
5. 조종사 등 승무원이 타지 아니하고 비행할 수 있는 장치를 가진 항공기의 비행
6. 무인자유기구(無人自由器具)의 비행
7. 그 밖에 사람과 재산에 위해(危害)를 끼치거나 위해를 끼칠 우려가 있는 비행 또는 행위로서 국토해양부령으로 정하는 비행 또는 행위

제56조(긴급항공기의 지정 등) ① 응급환자의 수송 등 국토해양부령으로 정하는 긴급한 업무에 항공기를 사용하려는 소유자등은 그 항공기에 대하여 국토해양부장관의 지정을 받아야 한다.

② 제1항에 따라 국토해양부장관의 지정을 받은 항공기(이하 "긴급항공기"라 한다)를 제1항에 따른 긴급한 업무의 수행을 위하여 운항하는 경우에는 제53조에 따른 이착륙 장소 제한 규정 및 제55조제1호의 최저비행고도 아래에서의 비행 금지 규정을 적용하지 아니한다.

③ 긴급항공기의 지정 및 운항절차 등에 관하여 필요한 사항은 국토해양부령으로 정한다.

④ 국토해양부장관은 긴급항공기를 운항하는 사람이 제3항에 따른 운항 절차를 준수하지 아니하는 경우에는 긴급항공기의 지정을 취소할 수 있다.
⑤ 제4항에 따른 지정취소처분을 받은 자는 취소처분을 받은 날부터 2년 이내에는 긴급항공기의 지정을 받을 수 없다.

제59조(위험물 운송 등) ① 항공기를 이용하여 폭발성이나 연소성이 높은 물건 등 국토해양부령으로 정하는 위험물(이하 "위험물"이라 한다)을 운송하려는 자는 국토해양부령으로 정하는 바에 따라 국토해양부장관의 허가를 받아야 한다.
② 항공기를 이용하여 운송되는 위험물을 포장 · 적재(積載) · 저장 · 운송 또는 처리(이하 "위험물취급"이라 한다)하는 자(이하 "위험물취급자"라 한다)는 항공상의 위험 방지 및 인명의 안전을 위하여 국토해양부장관이 정하여 고시하는 위험물취급의 절차 및 방법에 따라야 한다.

위험물 운송허가 등 :

"국토해양부령으로 정하는 위험물"이란 다음과 같다.

1. 폭발성 물질
2. 가스류
3. 인화성 액체
4. 가연성 물질류
5. 산화성 물질류
6. 독물류
7. 방사성 물질류
8. 부식성 물질류
9. 그 밖에 국토해양부장관이 정하여 고시하는 물질류

- 위험물을 항공기로 운송하려는 자는 다음의 내용이 포함된 위험물 운송허가 신청서를 국토해양부장관에게 제출하여 허가를 받아야 한다.

1. 항공기의 편명
2. 위험물의 종류 및 등급
3. 위험물의 포장방법
4. 위험물의 수량
5. 출발공항 및 목적지 공항
6. 발송인 및 수령인의 주소

- 운항증명을 받은 항공운송사업자가 운항규정에 다음의 사항을 정하고 위험물을 운송하는 경우에는 위험물 운송허가를 받은 것으로 본다.

1. 위험물과 관련된 비정상사태가 발생할 경우의 조치내용
2. 위험물 탑재정보의 전달방법
3. 승무원 및 위험물취급자에 대한 교육훈련

- 국가기관등항공기가 업무 수행을 위하여 위험물을 운송하는 경우에는 위험물 운송허가를 받은 것으로 본다.
- 위험물의 세부적인 종류와 종류별 구체적 내용에 관하여는 국토해양부장관이 정하여 고시한다.

제60조(위험물 포장 및 용기의 검사 등) ① 위험물의 운송에 사용되는 포장 및 용기를 제조 · 수입하여 판매하려는 자는 그 포장 및 용기의 안전성에 대하여 국토해양부장관이 실시하는 검사를 받아야 한다.

② 제1항에 따른 포장 및 용기의 검사방법 · 합격기준 등에 관하여 필요한 사항은 국토해양부장관이 정하여 고시한다.

③ 국토해양부장관은 위험물의 용기 및 포장에 관한 검사업무를 전문적으로 수행하는 기관(이하 "포장 · 용기검사기관"이라 한다)을 지정하여 제1항에 따른 검사를 하게 할 수 있다.

④ 포장 · 용기검사기관의 지정기준 및 운영 등에 관하여 필요한 사항은 국토해양부령으로 정한다.

⑤ 국토해양부장관은 포장 · 용기검사기관이 다음 각 호의 어느 하나에 해당하면 그 지정을 취소하거나 6개월 이내의 기간을 정하여 그 업무의 전

부 또는 일부를 정지시킬 수 있다. 다만, 제1호에 해당하는 경우에는 그 포장·용기검사기관의 지정을 취소하여야 한다.

1. 거짓이나 그 밖의 부정한 방법으로 포장·용기검사기관의 지정을 받은 경우
2. 제4항에 따른 지정기준에 맞지 아니하게 된 경우

⑥ 제5항에 따른 처분의 세부기준 및 절차와 그 밖에 필요한 사항은 국토해양부령으로 정한다.

제61조(위험물취급에 관한 교육 등) ① 위험물취급자는 위험물취급에 관하여 국토해양부장관이 실시하는 교육을 받아야 한다. 다만, 국제민간항공기구, 국제항공운송협회 등의 국제기구가 인정한 교육기관에서 위험물취급에 관한 교육을 이수한 경우에는 그러하지 아니하다.

② 제1항에 따라 교육을 받아야 하는 위험물취급자의 구체적인 범위와 교육 내용 등에 관하여 필요한 사항은 국토해양부장관이 정하여 고시한다.

③ 국토해양부장관은 제1항에 따른 교육을 효율적으로 하기 위하여 위험물취급에 관한 교육을 전문적으로 하는 전문교육기관을 지정하여 위험물취급자에 대한 교육을 하게 할 수 있다.

④ 제3항에 따른 전문교육기관의 지정기준 및 운영 등에 관하여 필요한 사항은 국토해양부령으로 정한다.

⑤ 국토해양부장관은 제3항에 따른 전문교육기관이 다음 각 호의 어느 하나에 해당하면 그 지정을 취소하거나 6개월 이내의 기간을 정하여 그 업무의 전부 또는 일부를 정지시킬 수 있다. 다만, 제1호에 해당하는 경우에는 그 전문교육기관의 지정을 취소하여야 한다.

1. 거짓이나 그 밖의 부정한 방법으로 전문교육기관의 지정을 받은 경우
2. 제4항에 따른 지정기준에 맞지 아니하게 된 경우

⑥ 제5항에 따른 처분의 세부기준 및 절차와 그 밖에 필요한 사항은 국토해양부령으로 정한다.

제61조의2(전자기기의 사용제한) 국토해양부장관은 운항 중인 항공기의 항행 및 통신장비에 대한 전자파 간섭 등 의 영향을 방지하기 위하여 국토해양부령으로 정하는 바에 따라 여객이 지닌 전자기기의 사용을 제한할 수 있다.

전자기기의 사용제한 :

운항 중에 전자기기의 사용을 제한할 수 있는 항공기는 항공운송사업용으로 비행 중인 항공기, 계기비행방식으로 비행 중인 항공기이다.

〈사용이 제한되지 않는 전자기기의 품목〉

가. 휴대용 음성녹음기

나. 보청기

다. 심장박동기

라. 전기면도기

마. 그 밖에 항공운송사업자 또는 기장이 항공기 제작회사의 권고 등에 따라 해당 항공기에 전자파 영향을 주지 아니한다고 인정한 휴대용 전자기기

제70조(항공교통업무 등) ① 비행장, 관제권 또는 관제구에서 항공기를 이동·이륙·착륙시키거나 항공기로 비행을 하려는 사람은 국토해양부장관이 지시하는 이동·이륙·착륙의 순서 및 시기와 비행의 방법에 따라야 한다.

② 국토해양부장관은 비행정보구역에서 비행하는 항공기의 안전하고 효율적인 운항을 위하여 공항 및 항행안전시설의 운용 상태 등 항공기의 운항과 관련된 조언 및 정보를 조종사 또는 관련 기관 등에 제공할 수 있다.

③ 국토해양부장관은 비행정보구역 안에서 수색·구조를 필요로 하는 항공기에 관한 정보를 조종사 또는 관련기관 등에게 제공할 수 있다.

④ 제1항부터 제3항까지의 규정에 따라 국토해양부장관이 하는 업무(이하 "항공교통업무"라 한다)의 대상, 내용, 절차 등에 관하여 필요한 사항은 국토해양부령으로 정한다.

⑤ 비행장 안의 이동지역에서 차량의 운행, 비행장의 유지 · 보수, 그 밖의 업무를 수행하는 자는 항공교통의 안전을 위하여 국토해양부장관의 지시에 따라야 한다.

항공교통업무의 목적 :

1. 항공기 간의 충돌 방지
2. 기동지역 안에서 항공기와 장애물 간의 충돌 방지
3. 항공교통흐름의 질서유지 및 촉진
4. 항공기의 안전하고 효율적인 운항을 위하여 필요한 조언 및 정보의 제공
5. 수색 · 구조를 필요로 하는 항공기에 대한 관계기관에의 정보 제공 및 협조

– 항공교통업무는 다음과 같이 구분한다.

1. 항공교통관제업무 :
   가. 접근관제업무 : 관제공역 안에서 이륙이나 착륙으로 연결되는 관제비행을 하는 항공기에 제공하는 항공교통관제업무
   나. 비행장관제업무 : 비행장 안의 이동지역 및 비행장 주위에서 비행하는 항공기에 제공하는 항공교통관제업무로서 접근관제업무 외의 항공교통관제업무(이동지역 내의 계류장에서 항공기에 대한 지상유도를 담당하는 계류장관제업무를 포함한다)
   다. 지역관제업무 : 관제공역 안에서 관제비행을 하는 항공기에 제공하는 항공교통관제업무로서 접근관제업무 및 비행장관제업무 외의 항공교통관제업무
2. 비행정보업무 : 비행정보구역 안에서 비행하는 항공기에 대하여 안전하고 효율적인 운항을 위하여 필요한 조언 및 정보제공의 목적을 수행하기 위하여 제공하는 업무
3. 경보업무 : 수색 · 구조를 필요로 하는 항공기에 대한 관계기관의 정보 제공 및 협조 목적을 수행하기 위하여 제공하는 업무

표준 출발 도착 절차 등의 설정 등 :

항공교통관제기관은 다음 경우에는 항공기의 표준 출발·도착 절차 및 접근절차를 설정하여야 한다.

1. 항공교통흐름의 안전·질서유지 및 촉진이 필요한 경우
2. 관제비행을 하는 항공기에 대하여 항공교통관제 허가 시 항공로 및 절차에 관한 설명이 필요한 경우

항공안전 관련 정보의 복창 :

- 항공기의 조종사는 관할 항공교통관제기관에서 음성으로 전달된 항공안전 관련 항공교통관제의 허가 또는 지시사항을 복창하여야 한다.
  1. 항공로의 허가사항
  2. 활주로의 진입, 착륙, 이륙, 대기, 횡단 및 역방향 주행에 대한 허가 또는 지시사항
  3. 사용 활주로, 고도계 수정치, 2차 감시 항공교통관제 레이더용 트랜스폰더(Mode 3/A 및 Mode C SSR transponder)의 배정부호, 고도지시, 기수지시, 속도지시 및 전이고도
- 항공기의 조종사는 관할 항공교통관제기관의 허가 또는 지시사항을 이해하고 있고 그에 따르겠다는 것을 명확한 방법으로 복창하거나 응답하여야 한다.
- 항공교통관제사는 교통관제의 허가 또는 지시사항에 대하여 항공기의 조종사가 정확하게 인지하였는지 여부를 확인하기 위하여 복창을 경청하여야 하며, 그 복창에 틀린 사항이 있을 때에는 즉시 시정조치를 하여야 한다.

항공교통흐름의 관리 :

항공교통흐름은 항공교통업무와 관련하여 같은 시간대에 규정된 수용량을 초과하거나 초과가 예상되는 공역에서 지역항행협정이나 관련 기관 간의 협정에 따라 관리한다.

비행장 내에서의 사람 및 차량에 대한 통제 :

- 관제탑은 지상이동 중이거나 이륙 · 착륙 중인 항공기에 대한 안전을 확보하기 위하여 비행장의 기동지역 내를 이동하는 사람 또는 차량을 통제하여야 한다.
- 저시정 기상상태에서 제2종(Category II) 또는 제3종(Category III)의 정밀계기 운항이 진행 중일 때에는 계기착륙시설(ILS)의 방위각제공시설(Localizer) 및 활공각제공시설(Glide Slope)의 전파를 보호하기 위하여 기동지역을 이동하는 사람 및 차량에 대하여 제한을 하여야 한다.
- 관제탑은 조난항공기의 구조를 위하여 이동하는 비상차량에 우선권을 부여하여야 한다. 이 경우 차량과 지상이동 하는 항공기 간의 분리최저치는 지방항공청장이 정하는 바에 따른다.
- 비행장의 기동지역 내를 이동하는 차량은 다음의 사항을 준수하여야 한다. 다만, 관제탑의 다른 지시가 있는 경우에는 그 지시를 우선적으로 준수하여야 한다.
  1. 지상이동 · 이륙 · 착륙 중인 항공기에 진로를 양보할 것
  2. 차량은 항공기를 견인하는 차량에게 진로를 양보할 것
  3. 차량은 관제지시에 따라 이동 중인 다른 차량에게 진로를 양보할 것
- 비행장 내의 이동지역에 출입하는 사람 또는 차량(건설기계 및 장비를 포함한다)의 관리 · 통제 및 안전관리 등에 대한 세부 사항은 국토해양부장관이 정하여 고시한다.

비행정보업무의 수행 :

비행정보업무는 항공교통업무의 대상이 되는 모든 항공기에 대하여 수행한다. 같은 항공교통업무기관에서 항공교통관제업무와 비행정보 업무를 함께 수행하는 경우에는 항공교통관제업무를 우선 수행하여야 한다.

비행정보의 제공 :

- 항공교통업무기관에서 항공기에 제공하는 비행정보는 다음과 같다.
  1. 중요기상정보(SIGMET) 및 저고도항공기상정보(AIRMET)
  2. 화산활동 · 화산폭발 · 화산재에 관한 정보

3. 방사능물질이나 독성화학물질의 대기 중 유포에 관한 사항
4. 항행안전시설의 운영 변경에 관한 정보
5. 이동지역 내의 눈 · 결빙 · 침수에 관한 정보
6. 비행장시설의 변경에 관한 정보
7. 무인자유기구에 관한 정보
8. 해당 항공로에 관한 교통정보 및 기상상태에 관한 정보
9. 출발 · 목적 · 교체비행장의 기상상태 또는 그 예보
10. 공역등급 C, D, E, F 및 G 공역 내에서 비행하는 항공기에 대한 충돌위험
11. 수면을 항해 중인 선박의 호출부호, 위치, 진행방향, 속도 등에 관한 정보(정보 입수가 가능한 경우만 해당한다)
12. 그 밖에 항공안전에 영향을 미치는 사항

– 항공교통업무기관은 특별항공기상보고(Special air reports)를 접수한 경우에는 이를 다른 관련 항공기, 기상대 및 다른 항공교통업무기관에 가능한 한 신속하게 전파하여야 한다.

제72조(수색 구조 지원계획의 수립 시행) 국토해양부장관은 항공기가 조난되는 경우 항공기 수색이나 인명구조를 위하여 대통령령으로 정하는 바에 따라 관계 행정기관의 역할 등을 정한 항공기 수색 · 구조 지원에 관한 계획을 수립 · 시행하여야 한다.

제73조(항공정보의 제공 등) ① 국토해양부장관은 항공기 운항의 안전성 · 정규성 및 효율성을 확보하기 위하여 필요한 정보(이하 "항공정보"라 한다)를 비행정보구역에서 비행하는 사람 등에게 제공하여야 한다.
② 국토해양부장관은 항공로, 항행안전시설, 비행장, 관제권 등 항공기의 운항에 필요한 정보가 표시된 지도(이하 "항공지도"라 한다)를 발간(發刊)하여야 한다.
③ 항공정보 또는 항공지도의 내용, 제공방법, 측정단위 등에 관하여 필요한 사항은 국토해양부령으로 정한다.

항공정보

〈항공정보에 사용되는 측정단위〉

1. 고도(Altitude) : 미터(m) 또는 피트(ft)
2. 시정(Visibility) : 킬로미터(km) 또는 마일(SM). 이 경우 5킬로미터 미만의 시정은 미터(m) 단위를 사용한다.
3. 주파수(Frequency) : 헤르쯔(Hz)
4. 속도(Velocity Speed) : 초당 미터(㎧)
5. 온도(Temperature) : 섭씨도(℃)

〈항공정보 제공〉

1. 항공정보간행물(AIP)
2. 항공고시보(NOTAM)
3. 항공정보회람(AIC)
4. 비행 전·후 정보(Pre-Flight and Post-Flight Information)를 적은 자료

〈항공지도에 제공하는 사항〉

1. 비행장장애물도(Aerodrome Obstacle Chart)
2. 정밀접근지형도(Precision Approach Terrain)
3. 항공로도(Enroute Chart)
4. 지역도(Area Chart)
5. 표준계기출발도(Standard Departure Chart-Instrument)
6. 표준계기도착도(Standard Arrival Chart-Instrument)
7. 계기접근도(Instrument Approach Chart)
8. 시계접근도(Visual Approach Chart)
9. 비행장 또는 헬기장도(Aerodrome/Heliport Chart)
10. 비행장지상이동도(Aerodrome Ground Movement Chart)
11. 항공기주기도 또는 접현도(Aircraft Parking/Docking Chart)
12. 세계항공도(World Aeronautical Chart)
13. 항공도(Aeronautical Chart)
14. 항법도(Aeronautical Navigation Chart)

15. 레이더 최저고도도(Radar Minimum Altitude Chart)

제74조(승무원 등의 탑승 등) ① 항공기를 항공에 사용하려는 자는 그 항공기에 국토해양부령으로 정하는 바에 따라 항행의 안전에 필요한 승무원을 태워야 한다.

② 운항승무원 또는 항공교통관제사가 항공업무에 종사하는 경우에는 국토해양부령으로 정하는 바에 따라 자격증명서 및 항공신체검사증명서를 지녀야 하며, 운항승무원 또는 항공교통관제사가 아닌 항공종사자가 항공업무에 종사하는 경우에는 국토해양부령으로 정하는 바에 따라 자격증명서를 지녀야 한다.

③ 항공운송사업자 및 항공기사용사업자는 국토해양부령으로 정하는 바에 따라 항공기에 태우는 승무원에게 해당 업무 수행에 필요한 교육훈련을 하여야 한다.

승무원 등의 탑승 등 :

항공기의 구분에 따라 탑승시켜야 할 운항승무원

항공기	탑승시켜야 할 운항승무원
비행교범에 따라 항공기 운항을 위하여 2명 이상의 조송사가 필요한 항공기	조종사(기장과 기장외의 조종사)
여객 운송에 사용되는 항공기	조종사(기장과 기장외의 조종사)
인명구조, 산불진화 등 특수임무를 수행하는 쌍발 회전익항공기	조종사 및 항공기관사
구조상 단독으로 발동기 및 기체를 완전히 취급 할 수 없는 항공기	조종사 및 항공기관사
법 제 40조에 따라 무선설비를 갖추고 비행하는 항공기	「전파법」에 따른 무선설비를 조작할 수 있는 무선종사자 기술자격증을 가진 조종사 1명
착륙하지 아니하고 550킬로미터 이상의 구간을 비행하는 항공기(비행 중 상시 지상표지 또는 항행안전시설을 이용할 수 있다고 인정되는 관성항법장치 또는 드플러레이더 장치를 갖춘 것은 제외한다.)	조종사 및 항공사

– 여객운송에 사용되는 항공기로 승객을 운송하는 경우에는 항공기에 장착된 승

객의 좌석 수에 따라 그 항공기의 객실에 다음 표에서 정하는 수 이상의 객실승무원

장착된 좌석 수	객실승무원 수
20석 이상 50석 이하	1명
51석 이상 100석 이하	2명
101석 이상 150석 이하	3명
151석 이상 200석 이하	4명
201석 이상	5명에 좌석 수 50석 추가할 때마다 1명씩 추가

- 객실승무원은 항공기 비상시의 경우 또는 비상탈출이 요구되는 경우 항공기에 갖춰진 비상장비 또는 구급용구 등을 이용하여 필요한 조치를 할 수 있는 지식과 능력이 있어야 한다.
- 항공운송사업자 또는 국외비행에 사용되는 비행기를 운영하는 자는 항공기에 태우는 객실승무원에 대하여 교육훈련계획을 수립하여 최초교육 및 최초교육을 받은 날부터 12개월마다 한 번 이상 교육훈련을 실시하여야 한다.

1. 항공기 비상시의 경우 또는 비상탈출이 요구되는 경우의 조치사항
2. 해당 항공기에 구비되는 구급용구 등 및 탈출대(Escape Slide) · 비상구 · 산소장비 · 자동제세동기(Automatic External Defibrillator)의 사용에 관한 사항
3. 평균해면으로부터 3천미터 이상의 고도로 운항하는 비행기에서 근무하는 경우 항공기 내 산소결핍이 미치는 영향과 여압장치가 장착된 비행기에서의 객실의 압력손실로 인한 생리적 현상에 관한 사항
4. 「국제민간항공조약」에서 정한 객실에 탑재할 수 있는 위험물과 탑재할 수 없는 위험물의 종류와 위험물 훈련프로그램에 관한 사항
5. 항공기 비상시 승무원 각자의 임무 및 다른 승무원의 임무에 관한 사항
6. 운항승무원과 객실승무원 간의 협조사항을 포함한 객실의 안전을 위한 인적요소(Human Factor)에 관한 사항

자격증명서와 항공신체검사증명서의 휴대 등의 대상자 및 그 준수사항 :

1. 운항승무원 : 해당 자격증명서 및 항공신체검사증명서를 지니거나 항공기 내의 접근하기 쉬운 곳에 보관하여야 한다.
2. 항공교통관제사 : 자격증명서 및 항공신체검사증명서를 지니거나 항공업무를 수행하는 장소의 접근하기 쉬운 곳에 보관하여야 한다.
3. 운항승무원 및 항공교통관제사가 아닌 항공정비사 및 운항관리사 : 해당 자격증명서를 지니거나 항공업무를 수행하는 장소의 접근하기 쉬운 곳에 보관하여야 한다.

제5장 항공시설

제1절 비행장과 항행안전시설

제75조(비행장 및 항행안전시설의 설치) ① 국토해양부장관은 비행장 또는 항행안전시설(제89조부터 제91조까지, 제94조부터 제105조까지, 제105조의2부터 제105조의5까지, 제106조, 제106조의2, 제107조, 제108조, 제108조의2, 제109조, 제109조의2, 제110조 및 제111조에 따라 설치하는 비행장시설 또는 항행안전시설 외의 것을 말한다. 이하 같다)을 설치한다.
② 국토해양부장관 외에 비행장 또는 항행안전시설을 설치하려는 자는 국토해양부령으로 정하는 바에 따라 국토해양부장관의 허가를 받아야 한다. 이 경우 국토해양부장관은 허가할 때 시설의 설치에 필요한 조건을 붙일 수 있다.
③ 제1항 및 제2항에 따른 비행장 및 항행안전시설의 설치기준 등 그 설치에 필요한 사항은 대통령령으로 정한다.

비행장의 설치기준 :

1. 비행장 주변에 항공기의 이륙·착륙에 지장을 주는 장애물이 없을 것. 다만, 해당 비행장의 공사 완료 예정일까지 그 장애물을 확실히 제거할 수 있다고 인정

되는 경우에는 그러하지 아니하다.

2. 비행장의 체공선회권(체공선회권 : 비행장에 착륙하려는 항공기의 체공선회를 위하여 필요하다고 인정하는 비행장 상공의 정해진 공역을 말한다)이 인접한 비행장의 체공선회권과 중복되지 아니할 것
3. 비행장의 활주로·착륙대·유도로의 길이 및 폭과 각 표면의 경사도 및 비행장 표지시설 등이 국토해양부령으로 정하는 기준에 적합할 것

항행안전시설의 설치기준 :

1. 항공등화 기준
   가. 조종사 및 관제사의 눈이 부시지 아니하도록 하고, 노출된 등화설비(활주로등, 정지로등, 유도로등)는 항공기와 접촉할 때 항공기에 손상을 주지 아니하고 등화설비가 부서지도록 경구조물(輕構造物)로 하며, 매립된 등화설비는 항공기 바퀴와 접촉으로 인하여 항공기 및 등화설비에 손상을 주지 아니하도록 제작·설치할 것
   나. 항공등화의 활주로등에 대한 광도비(光度比)는 별도의 기준에 적합할 것
   다. 그 밖의 항공등화의 광도 및 색상 등은 국토해양부령으로 정하는 기준에 적합할 것
2. 항행안전무선시설(전파로 항공기의 항행을 돕는 시설) 기준
   가. 새로 설치하는 경우에는 가급적 이미 설치된 다른 항행안전시설에 영향을 주지 아니할 것
   나. 전파가 양호하게 발사될 수 있는 위치에 설치할 것
   다. 감시장치 및 예비전원장치 등을 갖출 것
   라. 주 장비와 예비 장비를 갖춘 경우 주 장비에 이상이 있으면 예비 장비로 자동교체되고 그 상태를 표시할 수 있을 것
   마. 유지보수 등에 필요한 인원, 시험 및 계측장치, 예비부품 등을 갖출 것
   바. 그 밖의 항행안전무선시설의 설치 및 기술기준 등은 국토해양부령으로 정하는 기준에 적합할 것
3. 항공정보통신시설 기준

가. 통신이 원활하게 이루어질 수 있는 위치에 설치할 것
나. 제어장치 및 예비전원장치 등을 갖출 것
다. 유지·보수 등에 필요한 인원, 시험 및 계측장치, 예비 부품 등을 갖출 것
라. 그 밖의 항공정보통신시설의 설치 및 기술기준 등은 국토해양부령으로 정하는 기준에 적합할 것

제80조의3(항공통신업무 등) ① 국토해양부장관은 「국제민간항공조약」 및 같은 조약 부속서에 따라 항공교통업무가 효율적으로 수행되고, 항공안전에 필요한 정보·자료가 항공통신망을 통하여 편리하고 신속하게 제공·교환·관리될 수 있도록 항공통신에 관한 업무(이하 "항공통신업무"라 한다)를 수행하여야 한다.
② 항공통신업무의 종류, 내용 및 운영절차 등에 관하여 필요한 사항은 국토해양부령으로 정한다.

항공통신업무의 종류 :

1. 항공고정통신업무 : 특정 지점 사이에 항공고정통신망(AFTN) 또는 항공정보교환망(AMHS) 등을 이용하여 항공정보를 제공하거나 교환하는 업무
2. 항공이동통신업무 : 항공국과 항공기국 사이에 단파이동통신시설(HF Radio) 등을 이용하여 항공정보를 제공하거나 교환하는 업무
3. 항공무선항행업무 : 항행안전무선시설을 이용하여 항공항행에 관한 정보를 제공하는 업무
4. 항공방송업무 : 단거리이동통신시설(VHF/UHF Radio) 등을 이용하여 항공항행에 관한 정보를 제공하는 업무

제82조(장애물의 제한 등) ① 누구든지 제76조 또는 제78조에 따른 비행장의 설치 또는 변경이 고시된 후에는 그 고시에 표시된 장애물 제한표면의 높이 이상인 건축물·구조물(고시 당시에 건설 중인 건축물 또는 구조물은 제외한다)·식물 및 그 밖의 장애물을 설치·재배하거나 방치하여서는

아니 된다. 다만, 가설물이나 그 밖에 국토해양부령으로 정하는 장애물로서 관계 행정기관의 장이 국토해양부령으로 정하는 바에 따라 비행장설치자와 협의하여 설치 또는 방치를 허가하거나 그 비행장의 사용 개시 예정일 전에 제거할 예정인 장애물은 그러하지 아니하다.

② 비행장설치자는 제1항을 위반하여 설치 · 재배 또는 방치한 장애물(식물이 성장하여 장애물 제한표면 위로 나오는 경우를 포함한다)에 대한 소유권 및 그 밖의 권리를 가진 자에게 그 장애물의 제거를 요구할 수 있다.

③ 비행장설치자는 제1항에 따른 고시 당시 장애물 제한표면의 높이 이상인 장애물에 대한 소유권 및 그 밖의 권리를 가진 자에게 그 장애물의 제거를 요구할 수 있다. 이 경우 비행장설치자는 대통령령으로 정하는 바에 따라 그 장애물에 대한 소유권 및 그 밖의 권리를 가진 자에게 장애물의 제거로 인한 손실을 보상하여야 한다.

④ 제3항에 따른 장애물 또는 장애물이 설치되어 있는 토지의 소유자는 그 장애물의 제거로 인하여 그 장애물 또는 토지의 사용 · 수익이 곤란하게 된 경우에는 대통령령으로 정하는 바에 따라 해당 비행장설치자에게 그 장애물 또는 토지의 매수를 요구할 수 있다.

⑤ 제3항 후단에 따른 손실보상에 대하여 국토해양부장관은 당사자 간의 협의가 이루어지지 아니하여 그 장애물을 제거할 수 없는 경우로서 해당 비행장의 원활한 관리 · 운영을 위하여 특히 필요하다고 인정될 때에는 비행장 설치자에게 그 장애물의 제거를 명할 수 있다.

⑥ 제5항의 경우 국토해양부장관 또는 비행장설치자는 장애물에 대한 소유권 및 그 밖의 권리를 가진 자에게 그 장애물의 제거로 인한 손실을 보상하여야 한다. 이 경우 손실보상 금액은 당사자 간의 협의로 결정하되, 협의가 이루어지지 아니하거나 협의를 할 수 없는 경우에는 국토해양부장관이 결정한다.

⑦ 비행장설치자는 항공기 안전운항에 지장이 없도록 국토해양부령으로 정하는 바에 따라 장애물을 관리하여야 한다.

제83조(항공장애 표시 등의 설치 등) ① 비행장설치자는 국토해양부령으로 정하는 바에 따라 장애물 제한표면에서 수직으로 지상까지 투영한 구역에 있는 구조물로서 국토해양부령으로 정하는 구조물에는 항공장애 표시등(이하 "표시등"이라 한다) 및 항공장애 주간(晝間)표지(이하 "표지"라 한다)를 설치하여야 한다. 다만, 제76조 또는 제78조제2항에 따른 고시를 한 후에 설치하는 구조물의 경우에는 그 구조물의 소유자가 국토해양부령으로 정하는 바에 따라 표시등 및 표지를 설치하여야 한다.

② 국토해양부장관은 대통령령으로 정하는 바에 따라 제1항 및 제4항에 따른 구조물 외의 구조물이 항공기의 항행 안전을 현저히 해칠 우려가 있으면 구조물에 표시등 및 표지를 설치하여야 한다.

③ 제1항과 제2항에 따른 구조물의 소유자 또는 점유자는 비행장설치자 또는 국토해양부장관이 하는 표시등 및 표지의 설치를 거부할 수 없다. 이 경우 비행장설치자 또는 국토해양부장관은 표시등 및 표지의 설치로 인하여 해당 구조물의 소유자 또는 점유자에게 손실이 발생하였으면 국토해양부령으로 정하는 바에 따라 그 손실을 보상하여야 한다.

④ 지표면이나 수면으로부터 높이가 60미터 이상 되는 구조물을 설치하는 자는 국토해양부령으로 정하는 바에 따라 표시등 및 표지를 설치하여야 한다. 다만, 국토해양부령으로 정하는 구조물은 제외한다.

⑤ 제1항 · 제2항 및 제4항에 따라 표시등 및 표지가 설치된 구조물의 소유자는 국토해양부령으로 정하는 바에 따라 그 표시등 및 표지를 관리하여야 한다.

제84조(유사등화의 제한) ① 누구든지 항공등화(航空燈火)의 인식에 방해되거나 항공등화로 잘못 인식될 우려가 있는 등화(이하 "유사등화"라 한다)를 설치하여서는 아니 된다.

② 국토해양부장관은 항공등화를 설치할 때 유사등화(類似燈火)가 이미 설치되어 있는 경우에는 그 유사등화의 소유자 또는 관리자에게 그 유사등화를 가리는 등의 방법으로 항공등화의 인식을 방해하거나 항공등화로

잘못 인식되지 아니하도록 필요한 조치를 할 것을 명할 수 있다. 이 경우 그 조치에 필요한 비용은 그 항공등화의 설치자가 부담한다.

제85조(금지행위) ① 누구든지 활주로, 유도로(誘導路), 그 밖에 국토해양부령으로 정하는 비행장의 중요한 시설 또는 항행안전시설을 파손하거나 이들의 기능을 해칠 우려가 있는 행위를 하여서는 아니 된다.
② 누구든지 항공기를 향하여 물건을 던지거나 그 밖에 항행에 위험을 일으킬 우려가 있는 행위를 하여서는 아니 된다.
③ 누구든지 특별한 사유 없이 착륙대, 유도로, 계류장(繫留場), 격납고(格納庫) 또는 항행안전시설이 설치된 지역에 출입하여서는 아니 된다.

금지행위 등 :

- 비행장의 중요한 시설은 착륙대, 에이프런, 격납고, 비행장 표지시설 및 급유시설로 한다.
- 항행안전시설과 설치·운용 중인 항행안전시설의 기능 유지 및 그 운영에 지장이 있다고 인정되는 구역에는 구조물이나 장애물을 설치해서는 아니 된다. 다만, 지방항공청장 또는 항공교통센터장과 협의한 경우에는 그러하지 아니하다.
- 항공의 위험을 일으킬 우려가 있는 행위는 다음과 같다.
  1. 착륙대·유도로 또는 에이프런에 금속편·직물 또는 그 밖의 물건을 방치하는 행위
  2. 착륙대 · 유도로 · 에이프런 · 격납고와 국토해양부장관 또는 비행장설치자가 화기 사용을 금지한 장소에서 함부로 화기를 사용하는 행위
  3. 운항 중인 항공기에 장애가 되는 방식으로 항공기나 차량 등을 운행하는 행위
  4. 레이저광선의 방사
- 레이저광선의 방사로부터 항공기의 안전을 보호하기 위하여 다음의 보호공역을 비행장 주위에 설정하여야 한다.
  1. 레이저광선 제한공역
  2. 레이저광선 위험공역

3. 레이저광선 민감공역

제86조(사용료) ① 국토해양부장관은 국토해양부령으로 정하는 바에 따라 비행장 및 항행안전시설을 사용하거나 이용하는 자로부터 사용료를 징수할 수 있다.
② 공공용으로 사용하는 비행장 및 항행안전시설의 설치자 또는 관리자는 그가 설치하거나 관리하는 비행장 또는 항행안전시설을 사용하거나 이용하는 자로부터 사용료를 징수할 수 있다.
③ 제2항에 따라 사용료를 징수하려는 자는 그 사용료를 정하여 국토해양부장관에게 신고하여야 한다. 사용료를 변경하려는 경우에도 또한 같다.

제2절 공 항

제106조의2(공항시설에서의 금지행위) ① 누구든지 공항시설을 관리하는 자의 승인 없이 공항시설에서 다음 각 호의 어느 하나에 해당하는 행위를 하여서는 아니 된다.

1. 영업행위
2. 공항시설을 무단으로 점유하는 행위
3. 상품 및 서비스의 구매를 강요하거나 영업을 목적으로 손님을 부르는 행위
4. 그 밖에 제1호부터 제3호까지에 준하는 행위로서 공항이용객의 공항시설 이용이나 공항시설의 운영에 현저하게 지장을 주는 행위로 인정되어 대통령령으로 정하는 행위

② 공항시설을 관리하는 자는 제1항을 위반하는 자의 행위를 제지(制止)하거나 퇴거(退去)를 명할 수 있다.

공항시설에서의 금지행위

1. 공항시설에서 노숙하는 행위

2. 공항시설에서 폭언 또는 고성방가 등 소란을 피우는 행위
3. 공항시설에서 허락 없이 광고물[현수막 또는 입식(立飾) 홍보물을 포함한다]을 부착하거나 배포하는 행위
4. 공항시설에서 허락 없이 기부를 청하거나 물품을 판매·배부 또는 권유하는 행위

제107조(소음피해방지대책의 수립 등) ① 국토해양부장관은 항공기로 인한 소음피해를 방지하거나 줄일 필요가 있는 경우에는 대통령령으로 정하는 바에 따라 소음피해방지대책을 수립·시행하거나 사업시행자 또는 공항시설관리자에게 소음피해방지대책을 수립·시행하게 할 수 있다.
② 국토해양부장관은 제1항에 따른 소음피해방지대책을 수립하여야 할 공항소음피해지역 또는 공항소음피해 예상지역을 미리 지정·고시하여야 한다.
③ 시·도지사는 대통령령으로 정하는 바에 따라 제2항의 공항소음피해지역 또는 공항소음피해 예상지역에서 시설물의 설치 또는 용도를 제한할 수 있다.

제108조(소음기준의 설정) ① 국토해양부장관은 공항에 취항하는 항공기가 발생시키는 소음의 정도에 따라 소음기준을 설정하여야 한다.
② 제1항에 따른 소음기준은 대통령령으로 정한다.

제108조의2(저소음운항절차 등) ① 제107조제2항에 따른 공항소음피해지역 또는 공항소음피해 예상지역의 공항에서 이륙·착륙하는 항공기는 항공기 소음을 줄이기 위하여 국토해양부장관이 정하여 고시하는 운항절차(이하 "저소음운항절차"라 한다)에 따라 운항하여야 한다.
② 국토해양부장관은 항공기가 국제민간항공기구에서 정하는 기준 이상의 소음을 발생시켜 소음피해를 일으킬 우려가 있다고 판단되는 경우에는 그 항공기의 운항을 제한할 수 있다.

제7장 항공기취급업 등

제137조(항공기취급업) ① 항공기취급업을 경영하려는 자는 국토해양부령으로 정하는 바에 따라 국토해양부장관에게 등록하여야 한다.

② 제1항에 따른 항공기취급업의 시설기준 등 등록기준과 그 밖에 등록에 필요한 사항은 국토해양부령으로 정한다.

③ 다음 각 호의 어느 하나에 해당하는 자는 항공기취급업의 등록을 할 수 없다.

1. 제114조제2호부터 제5호(법인으로서 임원중에 대한민국 국민이 아닌 사람이 있는 경우는 제외한다)까지의 어느 하나에 해당하는 자
2. 항공기취급업의 등록취소처분을 받은 후 2년이 지나지 아니한 자

제137조의2(항공기정비업) ① 항공기정비업을 경영하려는 자는 국토해양부령으로 정하는 바에 따라 국토해양부장관에게 등록하여야 한다.

② 제1항에 따른 항공기정비업의 자본금 및 시설기준 등의 등록기준은 국토해양부령으로 정한다.

③ 다음 각 호의 어느 하나에 해당하는 자는 항공기정비업의 등록을 할 수 없다.

1. 제114조제2호부터 제5호(법인으로서 임원중에 대한민국 국민이 아닌 사람이 있는 경우는 제외한다)까지의 어느 하나에 해당하는 자
2. 항공기정비업의 등록취소처분을 받은 후 2년이 지나지 아니한 자

제9장 보 칙

제153조(항공안전 활동) ① 국토해양부장관은 다음 각 호의 자에게 그 업무에 관한 보고를 하게 하거나 서류를 제출하게 할 수 있다.

1. 항공기 또는 장비품의 제작 · 개조 · 수리 또는 정비를 하는 자
2. 공항시설 · 비행장 또는 항행안전시설의 설치자 및 관리자

3. 항공종사자
4. 국내항공운송사업자 또는 국제항공운송사업자(외국인 국제항공운송사업자를 포함한다. 이하 이 조에서 같다), 소형항공운송사업자, 항공기사용사업자, 항공기취급업자, 항공기정비업자, 항공운송 총대리점업자, 상업서류 송달업자, 도심공항터미널업자
5. 제1호부터 제4호까지의 자 외의 자로서 항공기 또는 항공시설을 계속하여 사용하는 자

② 국토해양부장관은 이 법을 시행하기 위하여 특히 필요한 경우에는 소속 공무원으로 하여금 제1항 각 호에 해당하는 자의 사무소, 공장이나 그 밖의 사업장, 공항시설, 비행장, 항행안전시설 또는 그 시설의 공사장, 항공기의 정치장 또는 항공기에 출입하여 항공기, 항행안전시설, 장부, 서류, 그 밖의 물건을 검사하거나 관계인에게 질문하게 할 수 있다. 이 경우 국토해양부장관은 검사 등의 업무를 효율적으로 수행하기 위하여 특히 필요하다고 인정하면 국토해양부령으로 정하는 자격을 갖춘 항공안전에 관한 전문가를 위촉하여 검사 등의 업무에 관한 자문에 응하게 할 수 있다.

③ 국토해양부장관은 국내항공운송사업자 또는 국제항공운송사업자가 취항하는 공항에 대하여 국토해양부령으로 정하는 바에 따라 정기적인 안전성검사를 하여야 한다.

④ 국토해양부장관은 상업서류 송달업자가 「우편법」을 위반할 현저한 우려가 있다고 인정하여 지식경제부장관이 요청하는 경우에는 지식경제부 소속 공무원으로 하여금 상업서류 송달업자에 대하여 「우편법」과 관련된 사항에 관한 검사 또는 질문을 하게 할 수 있다.

⑤ 제2항부터 제4항까지의 규정에 따른 검사 또는 질문을 하려면 검사 또는 질문을 하기 7일 전까지 검사 또는 질문의 일시, 사유 및 내용 등의 계획을 피검사자 또는 피질문자에게 알려야 한다. 다만, 긴급한 경우이거나 사전에 알리면 증거인멸 등으로 검사 또는 질문의 목적을 달성할 수 없다고 인정하는 경우에는 그러하지 아니할 수 있다.

⑥ 제2항부터 제4항까지의 규정에 따라 검사 또는 질문을 하는 공무원은

그 권한을 표시하는 증표를 지니고 이를 관계인에게 보여주어야 한다.

⑦ 제6항에 따른 증표에 관하여 필요한 사항은 국토해양부령으로 정한다.

⑧ 제2항부터 제4항까지의 규정에 따른 검사 또는 질문을 한 경우에는 그 결과를 피검사자 또는 피질문자에게 서면으로 알려야 한다.

⑨ 국토해양부장관은 제2항 또는 제3항에 따른 검사를 하는 중에 긴급히 조치하지 아니할 경우 항공기의 안전운항에 중대한 위험을 초래할 수 있는 사항이 발견되었을 때에는 국토해양부령으로 정하는 바에 따라 항공기의 운항 또는 항행안전시설의 운용을 일시 정지하게 하거나 항공종사자 또는 항행안전시설을 관리하는 자의 업무를 일시 정지하게 할 수 있다.

항공안전전문가 :

항공안전에 관한 전문가로 위촉받을 수 있는 사람의 자격은 다음의 어느 하나와 같다.

1. 항공종사자 자격증명을 가진 사람으로서 해당 분야에서 10년 이상의 실무경력을 갖춘 사람
2. 항공종사자 양성 전문교육기관의 해당 분야에서 5년 이상 교육훈련업무에 종사한 사람
3. 5급 이상의 공무원이었던 사람으로서 항공분야에서 5년(6급의 경우 10년) 이상의 실무경력을 갖춘 사람
4. 대학 또는 전문대학에서 해당 분야의 전임강사 이상으로 5년 이상 재직한 경력이 있는 사람

제10장 벌 칙

제156조(항공상 위험 발생 등의 죄) 비행장, 공항시설 또는 항행안전시설을 파손하거나 그 밖의 방법으로 항공상의 위험을 발생시킨 사람은 2년 이상의 유기징역에 처한다.

제157조(항행 중 항공기 위험 발생의 죄) ① 항행 중인 항공기를 추락 또는 전복(顚覆)시키거나 파괴한 사람은 사형, 무기징역 또는 5년 이상의 징역에 처한다.
② 제156조의 죄를 지어 항행 중인 항공기를 추락 또는 전복시키거나 파괴한 사람도 사형, 무기징역 또는 5년 이상의 징역에 처한다.

제158조(항행 중 항공기 위험 발생으로 인한 치사 치상의 죄) 제157조의 죄를 지어 사람을 사상(死傷)에 이르게 한 사람은 사형, 무기징역 또는 7년 이상의 징역에 처한다.

제159조(미수범) 제156조 및 제157조제1항의 미수범은 처벌한다.

제160조(과실에 따른 항공상 위험 발생 등의 죄) ① 과실로 항공기·비행장·공항시설 또는 항행안전시설을 파손하거나, 그 밖의 방법으로 항공상의 위험을 발생시키거나 항행 중인 항공기를 추락 또는 전복시키거나 파괴한 사람은 1년 이하의 징역이나 금고 또는 2천만원 이하의 벌금에 처한다.
② 업무상 과실 또는 중대한 과실로 제1항의 죄를 지은 경우에는 3년 이하의 징역이나 금고 또는 5천만원 이하의 벌금에 처한다.

제161조(감항증명을 받지 아니한 항공기 사용 등의 죄) 다음 각 호의 어느 하나에 해당하는 자는 3년 이하의 징역 또는 5천만원 이하의 벌금에 처한다.

1. 제15조 또는 제16조를 위반하여 감항증명 또는 소음기준적합증명을 받지 아니하거나 이에 합격하지 아니한 항공기를 항공에 사용한 자
2. 제19조를 위반하여 수리·개조승인을 받지 아니한 항공기등 또는 장비품·부품을 운항 또는 항공기등에 사용한 자

3. 제20조제2항을 위반하여 기술표준품에 대한 형식승인을 받지 아니한 기술표준품을 항공기등에 사용한 자
4. 제20조의2제1항을 위반하여 부품등제작자증명을 받지 아니하고 장비품 또는 부품을 제작한 자
5. 제20조의2제2항을 위반하여 부품등제작자증명을 받지 아니한 장비품 또는 부품을 항공기등 또는 장비품에 사용한 자
6. 제22조를 위반하여 기술기준에 적합하다는 확인을 받지 아니한 항공기등·장비품 또는 부품을 항공에 사용한 자

제162조(무표시 등의 죄) 제39조에 따른 표시를 하지 아니하거나 거짓 표시를 한 항공기를 항공에 사용한 소유자등은 1년 이하의 징역 또는 2천만원 이하의 벌금에 처한다.

항공법

제163조(승무원 등을 승무시키지 아니한 죄) ① 항공종사자의 자격이 없는 사람을 항공기에 승무(乘務)시키거나 이 법에 따라 항공기에 승무시켜야 할 승무원을 승무시키지 아니한 소유자등은 1년 이하의 징역 또는 2천만원 이하의 벌금에 처한다.

② 제40조, 제41조, 제43조, 제44조, 제59조제1항 또는 제146조를 위반한 자는 2천만원 이하의 벌금에 처한다.

제164조(무자격자의 항공업무 종사 등의 죄) 다음 각 호의 어느 하나에 해당하는 사람은 2년 이하의 징역 또는 1천만원 이하의 벌금에 처한다.

1. 제25조를 위반하여 자격증명을 받지 아니하고 항공업무에 종사한 사람
2. 제33조에 따른 업무정지명령을 위반하거나 별표에 따른 업무 범위를 위반하여 항공업무에 종사한 항공종사자(조종연습을 하는 사람을 포함한다)
3. 제34조의2를 위반하여 항공영어구술능력증명을 받지 아니하고 제

34조의2제1항 각 호의 어느 하나에 해당하는 업무에 종사한 사람
4. 제47조제2항을 위반하여 주정음료 등을 섭취하거나 사용한 항공종사자(조종연습을 하는 사람을 포함한다) 또는 객실승무원
5. 제47조제3항을 위반하여 국토해양부장관의 측정 요구에 따르지 아니한 사람

제165조(무자격 계기비행 등의 죄) 제34조제1항 또는 제2항, 제45조, 제82조제1항(제111조에서 준용하는 경우를 포함한다) 또는 제85조(제111조에서 준용하는 경우를 포함한다)를 위반한 자는 2천만원 이하의 벌금에 처한다.

제166조(기장 등의 탑승자 권리행사 방해의 죄) ① 직권을 남용하여 항공기에 있는 사람에게 그의 의무가 아닌 일을 시키거나 그의 권리행사를 방해한 기장 또는 조종사는 1년 이상 10년 이하의 징역에 처한다.
② 폭력을 행사하여 제1항의 죄를 지은 기장 또는 조종사는 3년 이상의 유기징역에 처한다.

제167조(기장의 항공기 이탈의 죄) 제50조제4항을 위반하여 항공기를 떠난 기장(기장의 임무를 수행할 사람을 포함한다)은 5년 이하의 징역에 처한다.

제168조(기장의 보고의무 등의 위반에 관한 죄) 다음 각 호의 어느 하나에 해당하는 자는 500만원 이하의 벌금에 처한다.
1. 제50조제5항 또는 제6항을 위반하여 항공기사고 · 항공기준사고 또는 항공안전장애에 관한 보고를 하지 아니한 자
2. 제50조제5항 또는 제6항에 따른 항공기사고 · 항공기준사고 또는 항공안전장애에 관한 보고를 거짓으로 한 자
3. 제52조제2항에 따른 승인을 받지 아니하고 항공기를 출발시키거나

비행계획을 변경한 자

제169조(운항승무원 등의 직무에 관한 죄) ① 운항승무원으로서 다음 각 호의 어느 하나에 해당하는 사람은 500만원 이하의 벌금에 처한다.

1. 제38조의2, 제53조부터 제55조까지 또는 제144조제1항을 위반한 사람
2. 제70조에 따른 지시에 따르지 아니한 사람
3. 제144조제4항에 따른 착륙 요구에 따르지 아니한 사람

② 기장 외의 운항승무원이 제1항에 따른 죄를 지은 경우에는 그 행위자를 벌하는 외에 기장도 500만원 이하의 벌금에 처한다.

제170조(비행장 불법 사용 등의 죄) 다음 각 호의 어느 하나에 해당하는 자는 2천만원 이하의 벌금에 처한다.

1. 제75조제2항을 위반하여 허가를 받지 아니하고 비행장을 설치한 자
2. 제77조제1항에 따른 검사를 받지 아니하고 비행장을 사용한 자
3. 제81조에 따라 허가가 취소된 비행장을 사용한 자

여권법

여권법

본 법률은 해외여행을 하기 위해서 제일 먼저 준비를 하여야하며 없어서는 안 되는 것 바로 여권에 관한 내용이다. 여권은 국외에서 본인의 국적과 신분을 증명하는 것으로 출입국을 위한 가장 중요한 문서이다. 해외여행을 하는 여행객은 물론 항공사의 국제선 비행을 하는 승무원이라면 항상 소지하고 다녀야 한다. 여권은 해외에서 자신의 신분을 나타내며, 어려움이 생길 경우 보호를 받을 수 있는 신분증이기 때문이다.
여권법을 통해 단수여권, 복수여권, 관용여권, 외교관여권 등 여권의 종류와 여권별 발급대상자와 유효기간, 발급 방법, 분실 시 신청방법과 여권발급신청서, 여권분실신고서 등 서식 등을 함께 살펴보고자 한다.

제1장 총 칙

제1조(목적) 이 법은 여권(旅券)의 발급, 효력과 그 밖에 여권에 관하여 필요한 사항을 규정함을 목적으로 한다.

제2조(여권의 소지) 외국을 여행하려는 국민은 이 법에 따라 발급된 여권을 소지하여야 한다.

제3조(발급권자) 여권은 외교통상부장관이 발급한다.

제2장 여권의 종류 및 유효기간

제4조(여권의 종류) ① 여권의 종류는 일반여권·관용여권과 외교관여권으로 하되, 이를 각각 1회에 한하여 외국여행을 할 수 있는 여권(이하 "단수여권"이라 한다)과 유효기간 만료일까지 횟수에 제한 없이 외국여행을 할 수 있는 여권(이하 "복수여권"이라 한다)으로 구분할 수 있다.
② 관용여권과 외교관여권의 발급대상자는 대통령령으로 정한다.

제5조(여권의 유효기간) ① 제4조에 따른 여권의 종류별 유효기간은 다음 각 호와 같다.

1. 일반여권 : 10년 이내
2. 관용여권 : 5년 이내
3. 외교관여권 : 5년 이내

② 여권의 종류별 유효기간의 설정 등에 필요한 사항은 대통령령으로 정한다.

여권의 규격 :

- 여권과 여권을 갈음하는 증명서의 규격은 가로 8.8센티미터, 세로 12.5센티미터로 한다.
- 여권과 여행증명서 표지의 상단과 하단에는 한글과 영문으로 각각 대한민국의 국호(國號)와 여권의 종류를 표기하고, 표지의 중앙에는 나라문장(紋章)을 표시하되, 정보가 전자적으로 수록된 여권의 경우에는 국제민간항공기구에서 정하는 기준에 따라 정보가 전자적으로 수록된 여권임을 상징하는 표식(표지)을 표지의 하단에 추가한다.
- 여권 등의 종류에 따른 표지 색상과 면수는 다음과 같다.
  1. 일반여권 : 녹색(단수여권은 12면, 복수여권은 48면). 다만, 사진 부착식 단수여권은 14면으로 한다.
  2. 관용여권 : 황갈색(48면)
  3. 외교관여권 : 남색(48면)
  4. 여행증명서 : 연청색(8면). 다만, 사진부착식 여행증명서는 10면으로 한다.

제6조(단수여권의 발급) ① 외교통상부장관은 다음 각 호의 어느 하나에 해당하는 경우에는 1년 이내의 유효기간이 설정된 단수여권을 발급할 수 있다.

1. 여권발급 신청인이 요청하는 경우
2. 제12조제4항에 따라 여권을 발급하는 경우

3. 「병역법」에 따라 국외여행의 허가를 받아야 하는 사람으로서 대통령령으로 정하는 사람에게 여권을 발급하는 경우
4. 제11조제2항의 확인기간 내에 유학생의 학사일정에 따른 출국 등 부득이한 사유로 국외여행을 하여야 할 필요가 있다고 인정되는 사람에게 여권을 발급하는 경우

② 단수여권의 발급에 관한 세부사항은 대통령령으로 정한다.

제3장 여권의 발급, 재발급 및 사용제한 등

제7조(여권의 수록 정보와 수록 방법) ① 여권에 수록하는 정보는 다음 각 호와 같다.

1. 여권의 종류, 발행국, 여권번호, 발급일, 기간만료일과 발급관청
2. 여권의 명의인(名義人)의 성명, 국적, 성별, 생년월일, 주민등록번호와 사진
3. 삭제

② 제1항 각 호의 정보는 대통령령으로 정하는 바에 따라 여권에 인쇄하고 전자적으로 수록한다. 다만, 재외공관에서의 여권발급 등 대통령령으로 정하는 부득이한 사유가 있는 경우에는 전자적으로 수록하지 아니할 수 있다.

여권 등의 수록 정보와 수록 방법 :

- 정보는 여권의 신원정보면에 인쇄하고 여권에 전자적으로 수록한다.
- 여권을 발급받거나 재발급 받을 시간적 여유가 없을 정도로 긴급한 사유가 발생하였다고 외교통상부장관이 인정하는 경우로서 단수여권의 발급, 여행증명서 발급의 경우에는 여권 등의 정보를 전자적 방법으로 수록하지 아니할 수 있다.
- 의학적 이유로 지문 채취를 할 수 없는 사람, 18세 미만인 사람, 대리인으로 하여금 여권발급을 신청하게 하는 사람여권 발급을 신청할 때에 지문을 제공하지 아니할 수 있다.

지문 대조를 통한 본인 인증 :

외교통상부장관은 여권을 발급받으려는 사람으로부터 지문을 제공받은 경우 본인 인증을 위한 목적에 한하여 관계 행정기관이 보관·관리하고 있는 해당 신청인의 지문과 서로 대조할 수 있다.

제8조(여권업무의 수행에 필요한 정보의 수집·보관과 관리) 외교통상부장관은 제7조제1항에 따라 여권에 수록하는 정보를 포함하여, 여권을 발급받는 사람의 지문(指紋)(이하 "지문"이라 한다), 주소, 연락처, 국내 긴급연락처, 여권발급기록 등 외교통상부령으로 정하는 바에 따라 여권업무의 수행에 필요한 정보를 수집·보관하고 관리할 수 있다. 다만, 지문은 여권발급 과정에서 본인 여부를 확인하기 위한 목적 외에는 수집·보관·관리할 수 없으며 그 보관 및 관리 기간은 3개월 이내로 한다.

제9조(여권의 발급 신청) ① 여권을 발급받으려는 사람은 제8조의 정보를 제공하면서 외교통상부장관에게 여권의 발급을 신청하여야 한다. 다만, 지문을 채취할 수 없는 부득이한 사정이 있는 등 대통령령으로 정하는 경우에는 지문을 제공하지 아니할 수 있다.

② 제1항에 따른 여권의 발급 신청은 본인이 직접 하여야 한다. 다만, 외교통상부령으로 정하는 사람에 대하여는 대리인으로 하여금 신청하게 할 수 있다.

일반여권의 발급신청 :

일반여권을 발급받으려는 사람은 다음의 서류를 외교통상부장관에게 제출하여야 한다. 다만, 외교통상부장관은 여권을 발급받으려는 사람이 국외에 체류 중인 때에는 외교통상부령으로 정하는 바에 따라 일부 서류의 제출을 면제할 수 있다.

1. 여권 발급신청서
2. 여권용 사진(여권발급 신청일 전 6개월 이내에 모자 등을 쓰지 않고 촬영한 천연색 상반신 정면 사진으로 얼굴의 길이가 2.5센티미터 이상 3.5센티미터 이하

인 가로 3.5센티미터, 세로 4.5센티미터의 사진을 말한다.) 1장.

3. 그 밖에 병역관계 서류 등 외교통상부령으로 정하는 서류

(앞 쪽)

접수 시군

※검은색 펜으로 굵은선 안에만 기재

여 권 (재)발 급 신 청 서

← 35㎜ → ※사 진 · 6개월이내 촬영한 천연색 정면사진(귀가 보여야 합니다) · 흰색 바탕의 무배경 사진 · 색안경과 모자 착용 금지 · 가로 35㎜, 세로 45㎜ (얼굴 길이: 25㎜~35㎜) 45㎜	접 수 번 호		신원조사접수번호	
	접 수 연 월 일		신 원 조 사 회 보 일	
	여 권 번 호		신 원 조 사 결 과	
	발 급 연 월 일		여 권 유 효 기 간	
	여권종류	□ 일반 □ 거주 □ 관용 □ 외교관 여행증명서(□ 왕복 □ 편도)		
	여권기간	□ 10년 □ 5년 □ 5년 미만 □ 단수(1년) □ 기간 연장 □ 잔여기간		

※영문성명은 해외에서의 신원확인의 기준이 되며 변경이 엄격히 제한되므로 정확하게 기재하시기 바랍니다.

성명	영 문 (대문자)	성	□□□□□□□□□□□□□□□□	※영문성명은 기재하기 전에 반드시 뒷면 「영문성명 기재 요령」을 참고하시기 바랍니다.
		이 름	□□□□□□□□□□□□□□□□	
	한 글		□□□□□□□□	※남편 성(영문대문자)은 필요 시 기재하시기 바랍니다.
주민등록번호			□□□□□□-□□□□□□□	□□□□□□□□□

현 주 소 (주민등록표상)	※주민등록상의 주소를 번지(아파트 등의 경우 동, 호수)까지 정확하게 기재하시기 바랍니다.					e-mail	
여행 예정국가		여행목적		직장명(직위)			
전화번호		휴대전화	□□□-□□□□-□□□□	혈액형 (ABO)		신장 (cm)	
등록기준지(해당자란 기재, 뒷면 참조)							

※ 긴급연락처는 해외여행 중 각종 사고 발생 시 재외국민 보호를 위하여 필요합니다.

국내 긴급연락처	성 명		관 계		전 화 (휴대전화)	( )
	주 소				직장(학교)명	

※ 여권명의인의 나이가 만18세 미만인 경우에는 법정대리인(부모 · 친권자 또는 후견인)의 인적사항을 기재하시기 바랍니다.

법정대리인	성 명	□□□□□□□□	관 계	
	주민등록번호	□□□□□□-□□□□□□□		

이 신청서에 기재한 내용은 사실과 다름이 없으며, 「여권법」 제9조에 따라 여권발급을 신청합니다.

※여권 발급에 필요한 사항을 확인하기 위한 행정정보 공동이용 서비스의 이용에 동의합니다.(예 , 아니오)

신청인(여권명의인) 성명(한글)____________ (한자)____________ 서명____________

년 월 일

외교통상부장관 귀하

※해외거주 중 재외공관에서 신청 시에는 추가로 아래 사항을 기재하시기 바랍니다.

거주지주소					
영 주 권	번 호		거 주 지	입국일자	
	취득일			체류자격	

(영 수 필 증)		(납 입 필 증)
특기사항		
심 사 란	접 수 자	심 사 자	발 급 자

※작성하시기 전에 뒷면에 기재된 유의사항 및 영문성명 기재요령을 읽어보시기 바랍니다.

210mm×297mm(보존용지 120g/㎡)

(뒷 쪽)

※ 유 의 사 항

1. 여권은 해외에서의 유효한 신분증이므로 반드시 본인이나 법정대리인이 잘 보관하여야 합니다.
2. 만 18세 미만인 사람은 유효기간 5년 이내의 여권만 발급받을 수 있습니다.
3. 사진이 흐릿하거나 임의로 조작된 것인 경우에는 위조여권이나 타인명의 여권으로 오인되어 출입국 시 불이익을 받을 수 있습니다.
4. 다른 사람에 의한 무단 서명이나 거짓의 사실 기재 시 「여권법」 관련 규정에 따라 처벌을 받게 되며, 여권명의인도 불이익을 받을 수 있습니다.
5. 여권발급 신청인 등은 여권당국이 여권발급 신청서류의 내용과 사진 등을 심사하기 위하여 확인을 요청하는 경우 이에 응하여야 합니다.
6. 새로운 여권을 재발급받으려면 기존에 소지하고 있는 여권을 반납하여야 합니다.
7. 단수여권과 여행증명서는 한 차례만 외국을 여행할 수 있는 여행문서입니다.
8. 여권을 잃어버린 경우에는 외교통상부나 여권사무 대행기관에 분실신고를 하거나 재발급 신청을 할 수 있습니다.
9. 발급된 후 6개월 이내에 찾아가지 않은 여권은 자동적으로 폐기되며 발급수수료는 반환되지 않습니다.
10. 여권 발급을 신청한 때부터 수령할 때까지 국내에서는 통상 1주일 정도(토 · 일요일, 공휴일 제외)의 기간이 걸립니다.
11. 사증(VISA)이 필요한 국가를 여행하기 위해서는 여행을 가기 전에 미리 사증을 받아야 하며, 대부분의 국가는 여권 유효기간이 6개월 이상 남은 경우에만 사증을 발급하고 있습니다.
12. 이 신청서는 기계로 판독되므로 접거나 찢는 등 훼손되지 않도록 주의하기 바랍니다.
13. 이 신청서의 기재사항에 오류가 있을 경우 신청인에게 불이익이 돌아갈 수 있으므로 정확하게 기재하기 바랍니다.
14. 행정정보 공동이용 서비스의 이용에 동의하는 경우 병적증명서는 제출하지 않아도 됩니다.
15. 등록기준지(본적) 기재대상자
   - 여권을 직접 신청하려는 미성년자, 미성년자를 대리하여 여권을 신청하려는 사람, 질병 · 장애 · 사고 등으로 직접 신청이 불가한 자를 대리하여 여권을 신청하려는 사람, 해외출생 등으로 주민등록번호를 부여받지 못한 사람, 남편의 영문 성을 추가 또는 변경하려는 사람, 긴급여권을 신청하려는 사람, 기타 외교통상부장관이 신원확인을 위해 기재가 필요하다고 인정하는 사람은 반드시 신청서 앞면의 등록기준지란을 기재하여야 합니다.

※ 영문성명 기재 요령

1. 여권의 영문 성(姓)은 특별한 사유가 없는 경우 여권을 이미 발급 받은 가족 구성원의 영문 성(姓)과 될 수 있으면 일치시키기 바랍니다.
2. 대리인이 영문성명을 잘못 기재하여 여권이 발급된 경우에도 영문성명의 변경은 엄격하게 제한되며 이로 인한 불이익은 여권명의인이 감수해야 합니다.
3. 영문성명은 국제규정(ICAO Doc 9303)에 따라 한글성명을 라틴문자(영어 알파벳)로 음역(音譯) 표기하여야 합니다.
4. 영문이름은 붙여 쓰는 것을 원칙으로 하되, 음절 사이에 붙임표(-)를 쓰는 것도 가능합니다. (예: GILDONG, GIL-DONG) 다만, 기존 여권에 이름을 띄어 쓴 경우(예: GIL DONG)에는 계속 그대로 띄어쓸 수 있습니다.
5. "여권 재발급"을 받는 경우 원칙적으로 종전 여권의 영문성명(남편 성과 띄어쓰기 포함)은 그대로 사용하여야 합니다.

210mm×297mm (보존용지 120g/m²)

일반여권의 유효기간 :

- 일반여권의 유효기간은 10년으로 한다.
- 외교통상부장관은 다음의 어느 하나에 해당하는 사람에게는 다음에 따른 기간을 유효기간으로 하는 일반여권을 발급할 수 있다.

1. 18세 미만인 사람 : 5년
2. 18세 이상 25세 미만으로 제1국민역 또는 보충역(복무 · 의무종사 만료기간이 2개월 이내이거나 복무 · 의무종사를 마친 경우는 제외한다)에 해당하는 사람 : 5년
3. 25세 이상으로 제1국민역 또는 보충역(복무 · 의무종사 만료기간이 2개월 이내이거나 복무 · 의무종사를 마친 경우는 제외한다)에 해당하는 사람으로서 다음의 어느 하나에 해당하는 경우
   가. 보충역으로서 복무 · 의무종사 중인 사람 : 5년
   나. 제1국민역에 해당하는 사람이나 보충역으로서 복무 · 의무종사하고 있지 아니한 사람 : 국외여행 허가서의 허가기간이 6개월 이상 1년 이하인 경우에는 1년을, 허가기간이 1년을 초과하는 경우에는 그 허가기간의 만료일까지
4. 재판에 계류 중인 사유 등으로 인하여 관계 행정기관의 장이 일정기간 동안의 국외여행만 가능하다고 통보한 사람 : 통보된 기간
5. 국외에 체류하는 「국가보안법」 제2조에 따른 반국가단체의 구성원으로서 대한민국의 안전보장, 질서유지 및 통일 · 외교정책에 중대한 침해를 야기할 우려가 있는 사람 : 1년부터 5년까지의 범위에서 침해 우려의 정도에 따라 외교통상부장관이 정하는 기준에 따른 기간

거주여권의 발급 :

- 외교통상부장관은 「해외이주법」에 따른 해외이주자에 대해서는 일반여권 중 거주목적(거주여권)의 여권을 발급할 수 있다.
- 거주여권을 발급받으려는 사람은 다음 서류를 추가로 외교통상부장관에게 제출하여야 한다.

1. 거주지 국가의 영주권을 가진 사람 : 영주권(영주권 제도가 없는 국가에서는 영주권을 갈음하는 장기체류사증)이나 이민사증
2. 국외에서 혼인 등의 사유로 거주여권의 발급이 특히 필요하다고 인정되는 사람 : 혼인관계증명서 등 그 사유를 증명할 수 있는 서류

관용여권의 발급대상자 :

외교통상부장관은 다음의 어느 하나에 해당하는 사람에게 관용여권을 발급할 수 있다.

1. 공무(公務)로 국외에 여행하는 사람과 해당 기관이 추천하는 그 배우자, 27세 미만의 미혼인 자녀(27세 이상의 미혼인 동반자녀로서 정신적 · 육체적 장애가 있거나 생활능력이 없는 경우를 포함한다) 및 생활능력이 없는 부모
   가. 공무원
   나. 한국은행, 한국수출입은행, 그 밖에 「공공기관의 운영에 관한 법률」에 따른 공공기관으로서 외교통상부장관이 정하는 기관의 임원 · 집행간부 또는 직원
2. 한국은행, 한국수출입은행, 그 밖에 「공공기관의 운영에 관한 법률」에 따른 공공기관으로서 외교통상부장관이 정하는 기관의 국외 주재원과 그 배우자 및 27세 미만의 미혼인 자녀
3. 정부에서 파견하는 의료요원, 태권도사범, 재외동포 교육을 위한 교사와 그 배우자 및 27세 미만의 미혼인 자녀
4. 「외무공무원법」 제32조에 따라 재외공관에 두는 업무보조원과 그 배우자 및 27세 미만의 미혼인 자녀
5. 외교통상부 소속 공무원(기능직공무원은 제외한다) 및 「외무공무원법」 제31조에 따라 재외공관에 근무하는 다른 국가공무원이 가사 보조를 받기 위하여 동반하는 사람
6. 그 밖에 원활한 공무수행을 위하여 특별히 관용여권을 소지할 필요가 있다고 외교통상부장관이 인정하는 사람

외교관여권의 발급대상자 :

외교통상부장관은 다음에 해당하는 사람에게 외교관여권을 발급할 수 있다.

1. 대통령(전직 대통령을 포함한다), 국무총리와 전직 국무총리, 외교통상부장관과 전직 외교통상부장관, 특명전권대사, 국제올림픽위원회 위원, 외교통상부 소속 공무원, 「외무공무원법」 제31조에 따라 재외공관에 근무하는 다른 국가공무원 및 다음의 어느 하나에 해당하는 사람
   가. 다음에 해당하는 사람의 배우자와 27세 미만의 미혼인 자녀
      1) 대통령
      2) 국무총리
   나. 다음에 해당하는 사람의 배우자, 27세 미만의 미혼인 자녀 및 생활능력이 없는 부모
      1) 외교통상부장관
      2) 특명전권대사
      3) 국제올림픽위원회 위원
      4) 공무로 국외여행을 하는 외교통상부 소속 공무원
      5) 「외무공무원법」 제31조에 따라 재외공관에 근무하는 다른 국가공무원
   다. 전직 국무총리와 전직 외교통상부장관이 동반하는 배우자. 다만, 외교통상부장관이 인정하는 경우에만 해당한다.
   라. 대통령, 국무총리, 외교통상부장관, 특명전권대사와 국제올림픽위원회 위원을 수행하는 사람으로서 외교통상부장관이 특히 필요하다고 인정하는 사람
2. 국회의장과 전직 국회의장 및 다음의 어느 하나에 해당하는 사람
   가. 국회의장의 배우자와 27세 미만의 미혼인 자녀
   나. 전직 국회의장이 동반하는 배우자. 다만, 외교통상부장관이 인정하는 경우에만 해당한다.
   다. 국회의장을 수행하는 사람으로서 외교통상부장관이 특히 필요하다고 인정하는 사람
3. 대법원장, 헌법재판소장, 전직 대법원장, 전직 헌법재판소장 및 다음의 어느 하나에 해당하는 사람

가. 대법원장과 헌법재판소장의 배우자와 27세 미만의 미혼인 자녀
나. 전직 대법원장과 전직 헌법재판소장이 동반하는 배우자. 다만, 외교통상부장관이 인정하는 경우에만 해당한다.
다. 대법원장과 헌법재판소장을 수행하는 사람으로서 외교통상부장관이 특히 필요하다고 인정하는 사람

4. 특별사절 및 정부대표와 이들이 단장이 되는 대표단의 단원
5. 그 밖에 원활한 외교업무 수행이나 신변 보호를 위하여 외교관여권을 소지할 필요가 특별히 있다고 외교통상부장관이 인정하는 사람

단수여권의 발급대상자 :

외교통상부장관은 만 25세 이상의 병역을 마치지 아니한 사람으로서 지방병무청장이나 병무지청장이 발행하는 국외여행 허가서의 허가기간이 6개월 미만인 사람에게는 단수여권을 발급한다. 다만, 문화체육관광부장관의 추천을 받은 우수문화예술인과 국제경기 참가나 국외 전지훈련을 위하여 연중 여러 차례에 걸쳐 여행을 하여야 하는 국가대표선수에게는 유효기간 1년의 복수여권을 발급할 수 있다.

단수여권의 발급신청 :

단수여권을 발급받으려는 사람은 다음의 서류를 외교통상부장관에게 제출하여야 한다.

1. 여권 발급신청서
2. 단수여권의 발급대상자임을 증명하는 서류
3. 여권용 사진 1장
4. 그 밖에 병역관계 서류 등 외교통상부령으로 정하는 서류

단수여권의 유효기간 :

단수여권의 유효기간은 1년으로 한다.

외교통상부장관은 재판에 계류 중인 사유 등으로 관계 행정기관의 장이 일정기간 동안의 국외여행만 가능하다고 통보한 사람에게는 그 기간을 유효기간으로 하는

단수여권을 발급할 수 있다.

제14조(여권을 갈음하는 증명서) ① 외교통상부장관은 국외 체류 중에 여권을 잃어버린 사람으로서 여권의 발급을 기다릴 시간적 여유가 없는 사람 등 대통령령으로 정하는 사람에게 여행목적지가 기재된 여권을 갈음하는 증명서(이하 "여행증명서"라 한다)를 발급할 수 있다.
② 여행증명서의 유효기간은 1년 이내로 하되, 그 여행증명서의 발급 목적을 이루면 그 효력을 잃는다.
③ 여행증명서의 발급과 효력에 관하여는 제7조부터 제10조까지, 제12조, 제13조와 제16조부터 제18조까지의 규정을 준용한다.

여행증명서의 발급대상자 :

외교통상부장관은 다음의 어느 하나에 해당하는 사람에게 여행증명서를 발급할 수 있다.

1. 출국하는 무국적자(無國籍者)
2. 국외에 체류하거나 거주하고 있는 사람으로서 여권을 잃어버리거나 유효기간이 만료되는 등의 경우에 여권 발급을 기다릴 시간적 여유가 없이 긴급히 귀국하거나 제3국에 여행할 필요가 있는 사람
3. 국외에 거주하고 있는 사람으로서 일시 귀국한 후 여권을 잃어버리거나 유효기간이 만료되는 등의 경우에 여권 발급을 기다릴 시간적 여유가 없이 긴급히 거주지국가로 출국하여야 할 필요가 있는 사람
4. 해외 입양자
5. 「남북교류협력에 관한 법률」 제10조에 따라 여행증명서를 소지하여야 하는 사람으로서 여행증명서를 발급할 필요가 있다고 외교통상부장관이 인정하는 사람
6. 「출입국관리법」 제46조에 따라 대한민국 밖으로 강제 퇴거되는 외국인으로서 그가 국적을 가지는 국가의 여권 또는 여권을 갈음하는 증명서를 발급받을 수 없는 사람
7. 1~6까지의 규정에 준하는 사람으로서 긴급하게 여행증명서를 발급할 필요가

있다고 외교통상부장관이 인정하는 사람

제16조(여권의 부정한 발급 · 행사 등의 금지) 누구든지 다음 각 호에 해당하는 행위를 하여서는 아니 된다.

1. 여권의 발급이나 재발급을 받기 위하여 제출한 서류에 거짓된 사실을 적거나 그 밖의 부정한 방법으로 여권의 발급 · 재발급을 받는 행위나 이를 알선하는 행위
2. 다른 사람 명의의 여권을 사용하는 행위
3. 사용하게 할 목적으로 여권을 다른 사람에게 양도 · 대여하거나 이를 알선하는 행위
4. 사용할 목적으로 다른 사람 명의의 여권을 양도받거나 대여받는 행위
5. 채무이행의 담보로 여권을 제공하거나 제공받는 행위

제17조(여권의 사용제한 등) ① 외교통상부장관은 천재지변 · 전쟁 · 내란 · 폭동 · 테러 등 대통령령으로 정하는 국외 위난상황(危難狀況)으로 인하여 국민의 생명 · 신체나 재산을 보호하기 위하여 국민이 특정 국가나 지역을 방문하거나 체류하는 것을 중지시키는 것이 필요하다고 인정하는 때에는 기간을 정하여 해당 국가나 지역에서의 여권의 사용을 제한하거나 방문 · 체류를 금지(이하 "여권의 사용제한 등"이라 한다)할 수 있다. 다만, 영주(永住), 취재 · 보도, 긴급한 인도적 사유, 공무 등 대통령령으로 정하는 목적의 여행으로서 외교통상부장관이 필요하다고 인정하면 여권의 사용과 방문 · 체류를 허가할 수 있다.

② 외교통상부장관이 제1항에 따라 여권의 사용제한 등을 하려면 대통령령으로 정하는 절차와 방식에 따라 대상국가나 지역, 여권의 사용제한 등의 범위 · 조건과 기간, 여권의 사용과 방문 · 체류의 허가 신청절차 등을 정하여고시하여야 한다.

③ 외교통상부장관은 국외 위난상황의 해소 등으로 여권의 사용제한 등

을 지속할 필요가 없는 경우에는 지체 없이 그 여권의 사용제한 등을 해제하고, 그 사실을 고시하여야 한다.

④ 외교통상부장관이 제1항과 제3항에 따라 여권의 사용제한 등과 그 해제, 여권의 사용과 방문·체류의 허가를 할 때에는 미리 제18조에 따른 여권정책심의위원회의 심의를 거쳐야 한다.

출입국관리법

출입국관리법

본 법률은 우리나라 국민과 외국인 그리고 승무원의 대한민국 출입국절차에 관한 사항을 다루고 있다.
항공사 객실승무원은 업무수행을 위한 잦은 출국과 입국을 반복하게 된다.
해외로 나가기 위한 출국절차, 우리나라로 들어오기 위한 입국절차를 통틀어 출입국절차라고 하는데, 승무원의 경우 잦은 해외 출입국의 절차의 간소화를 위한 승무원 등록과 승무원 전용 출입국 통과 과정을 통해 보다 신속하고 원활한 절차를 거치게 된다.
이러한 절차를 위한 승무원 등록, 승무원 등록증, 승무원 등록신고서 등을 살펴보고자 한다.
출입국관리법은 승무원의 출입국절차는 물론이며, 대한민국 국민의 출입국절차, 출입국 신고서 및 작성, 대한민국 사증과 사증발급, 단체사증, 외국인의 입국심사, 외국인의 입국 시 지문 및 얼굴에 관한 정보의 제공, 외국인의 출국심사, 승객예약정보의 열람 및 제공·보고의 업무, 출입국관리 공무원의 제복 및 신분증을 다루고 있다.
출입국관리법을 통해 승무원을 위한 등록 및 등록증 등에 대해 알아보고 내국인과 외국인의 정확한 출입국절차를 통해 항공기를 이용하여 해외여행을 하는 승객들에게 보다 정확하고 명확한 정보를 서비스를 할 수 있을 것이다.

제1장 총 칙

제1조(목적) 이 법은 대한민국에 입국하거나 대한민국에서 출국하는 모든 국민 및 외국인의 출입국관리와 대한민국에 체류하는 외국인의 체류관리 및 난민(難民)의 인정절차 등에 관한 사항을 규정함을 목적으로 한다.

제2조(정의) 이 법에서 사용하는 용어의 뜻은 다음과 같다.

1. "국민"이란 대한민국의 국민을 말한다.
2. "외국인"이란 대한민국의 국적을 가지지 아니한 사람을 말한다.
3. "난민"이란 「난민의 지위에 관한 협약」(이하 "난민협약"이라 한다) 제1조나 「난민의 지위에 관한 의정서」 제1조에 따라 난민협약의 적용을 받는 사람을 말한다.

4. "여권"이란 대한민국정부 · 외국정부 또는 권한 있는 국제기구에서 발급한 여권 또는 난민여행증명서나 그 밖에 여권을 갈음하는 증명서로서 대한민국정부가 유효하다고 인정하는 것을 말한다.
5. "선원신분증명서"란 대한민국정부나 외국정부가 발급한 문서로서 선원임을 증명하는 것을 말한다.
6. "출입국항"이란 출국하거나 입국할 수 있는 대한민국의 항구 · 공항과 그 밖의 장소로서 대통령령으로 정하는 곳을 말한다.
7. "재외공관의 장"이란 외국에 주재하는 대한민국의 대사(大使), 공사(公使), 총영사(總領事), 영사(領事) 또는 영사업무를 수행하는 기관의 장을 말한다.
8. "선박 등"이란 대한민국과 대한민국 밖의 지역 사이에서 사람이나 물건을 수송하는 선박, 항공기, 기차, 자동차, 그 밖의 교통기관을 말한다.
9. "승무원"이란 선박 등에서 그 업무를 수행하는 사람을 말한다.
10. "운수업자"란 선박 등을 이용하여 사업을 운영하는 자와 그를 위하여 통상 그 사업에 속하는 거래를 대리하는 자를 말한다.
11. "보호"란 출입국관리공무원이 제46조제1항 각 호에 따른 강제퇴거 대상에 해당된다고 의심할 만한 상당한 이유가 있는 사람을 출국시키기 위하여 외국인보호실, 외국인보호소 또는 그 밖에 법무부장관이 지정하는 장소에 인치(引致)하고 수용하는 집행활동을 말한다.
12. "외국인보호실"이란 이 법에 따라 외국인을 보호할 목적으로 출입국관리사무소나 그 출장소에 설치한 장소를 말한다.
13. "외국인보호소"란 이 법에 따라 외국인을 보호할 목적으로 설치한 시설로서 대통령령으로 정하는 곳을 말한다.
14. "출입국사범"이란 제93조의2, 제93조의3, 제94조부터 제99조까지, 제99조의2, 제99조의3 및 제100조에 규정된 죄를 범하였다고 인정되는 자를 말한다.

제2장 국민의 출입국

제3조(국민의 출국) ① 대한민국에서 대한민국 밖의 지역으로 출국(이하 "출국"이라 한다)하려는 국민은 유효한 여권을 가지고 출국하는 출입국항에서 출입국관리공무원의 출국심사를 받아야 한다. 다만, 부득이한 사유로 출입국항으로 출국할 수 없을 때에는 관할 출입국관리사무소장(이하 "사무소장"이라 한다)이나 관할 출입국관리사무소출장소장(이하 "출장소장"이라 한다)의 허가를 받아 출입국항이 아닌 장소에서 출입국관리공무원의 출국심사를 받은 후 출국할 수 있다.
② 제1항에 따른 출국심사는 대통령령으로 정하는 바에 따라 정보화기기에 의한 출국심사로 갈음할 수 있다.

출입국심사 :

- 대한민국의 국민이 출국심사 또는 입국심사를 받는 때에는 여권과 출입국신고서를 각각 출입국관리공무원에게 제출하고 질문에 응하여야 한다.
- 출입국관리공무원은 출국 또는 입국심사를 하는 때에는 국민의 출입국의 적격여부 기타 필요한 사항을 확인하여야 한다.
- 출입국관리공무원은 출국심사 또는 입국심사를 마친 때에는 여권과 출입국신고서에 출국심사인 또는 입국심사인을 찍어야 한다.
- 출입국관리공무원은 선박·항공기·기차·자동차 기타의 교통기관의 승무원인 국민이 출입국하는 경우 승무원등록증 또는 선원신분증명서의 확인으로써 출입국신고서의 제출과 출국심사인 또는 입국심사인의 날인을 갈음할 수 있다. 다만, 선박 등의 승무원이 최초 출국하거나 최종 입국하는 경우에는 그러하지 아니하다.
- 선박 등의 승무원인 국민이 최초 출국하는 경우에는 승무원등록을 하여야 한다. 다만, 부정기적으로 운항하는 선박 등의 승무원인 경우에는 그러하지 아니하다.
- 병역의무자인 국민이 출국심사를 받을 때에는 국외여행허가를 받았다는 확인서를 제출하여야 한다. 다만, 출입국관리공무원은 병무청장으로부터 정보통신망 등을 통하여 병역의무자인 국민이 국외여행허가를 받았음을 통보받은 경우 확

인서 제출을 생략하게 할 수 있다.

- 출입국관리공무원은 유효한 여권을 가지지 아니하고 입국하고자 하는 국민에 대하여는 국민임을 증명할 수 있는 서류를 제출하게 하여 이를 심사하고 그의 출국사실 등을 확인하여야 한다.
- 출입국관리공무원은 심사결과 국민임이 확인된 때에는 출입국신고서에 입국심사인을 찍어야 한다.
- 출입국관리공무원은 대한민국의 국민에 대한 출입국심사를 하는 때에는 여권명의인의 본인 여부 및 여권의 위·변조여부, 출입국규제여부 기타 법무부장관이 따로 정한 사항 등을 확인하여야 한다.

정보화기기를 이용한 출입국심사 :

- 다음의 요건을 모두 갖춘 국민은 정보화기기에 의한 출입국심사를 받을 수 있다.
  1. 유효한 복수여권을 가지고 있을 것
  2. 법무부령으로 정하는 바에 따라 스스로 지문과 얼굴에 관한 정보를 등록하였을 것
  3. 출국금지 대상이 아닌 17세 이상의 사람으로서 주민등록증을 발급받았을 것
  4. 사용이 제한되거나 반납명령을 받은 여권을 가지고 있는 등 출입국관리공무원의 심사가 필요한 경우가 아닐 것
- 정보화기기에 의한 출입국심사를 받기 위하여 지문과 얼굴에 관한 정보를 등록하려는 국민은 출입국관리사무소의 장 또는 출입국관리사무소출장소의 장에게 자동출입국심사 등록신청서를 제출하여야 한다.
- 사무소장 또는 출장소장은 자동출입국 신청을 받으면 요건을 확인하고 신청자의 여권에 자동출입국심사 등록 확인인을 날인하여야 한다.
- 등록을 한 사람이 이를 해지하려면 자동출입국심사 등록 해지신청서를, 등록정보를 정정하려면 자동출입국심사 등록정보 정정신청서를 사무소장 또는 출장소장에게 제출하여야 한다.
- 사무소장 또는 출장소장은 해지 또는 정정 신청을 접수하면 지체 없이 그 등록의 해지 또는 등록정보의 정정을 하여야 한다.

출입국신고서의 작성 등 :

- 출입국신고서는 공용란을 제외하고는 출입국자 본인이 작성하여야 한다. 다만, 부득이한 사유로 출입국자 본인이 직접 작성할 수 없는 경우에는 그러하지 아니하다.
- 출입국자는 출입국신고서를 작성하는 때에는 사항별로 이를 정확하게 기재하여야 한다.
- 출입국관리공무원은 작성·제출한 출입국신고서에 잘못 기재된 것이나 기타 미비한 사항이 있는지 여부를 확인하여 이를 보완하게 하고, 공용란은 자신이 직접 기재하여야 한다.
- 출입국관리공무원은 출입국신고서의 제출을 생략하게 하는 경우에는 해당출입국자의 출입국기록에 관한 사항을 즉시 정보화 처리하여 저장하여야 한다.

출입국신고서

ARRIVAL/DEPARTURE CARD / 入出國申告書 / 출입국신고서
REPUBLIC OF KOREA IMMIGRATION SERVICE

Surname / 姓 / 한글성명	漢字姓名
Given Names / 名	
Date of Birth / 生年月日 Year/年/년 M/月/월 D/日/일	주민등록 뒷번호
Male / 男 / 남 M	Female / 女 / 여 F
Nationality / 國籍 / 국적	Passport No. / 旅券番號 / 여권번호
Address in Korea / 韓國內 住所 / 한국내 주소 외국인만 기재 (Tel.:)	
Occupation / 職業 외국인만 기재	Purpose of visit / 旅行目的 외국인만 기재
Port of Boarding / 出發地 / 출발지	Port of Landing / 目的地 / 목적지
Flight No. · Vessel / 便名 · 船名 편명 · 선명	Signature / 署名 / 서명 외국인만 기재

Official Use Only / 公用欄 / 공용란

외국인 / 국민 / 심사인

체류자격		체류기간			구분		구분	
B1	B2	015	030	090	등록	거소	재외	거소

입 국 년 월 일			사범
년	월	일	출국

www.immigration.go.kr

80×120mm 인쇄용지(OCR급) 105g/m^2

자동출입국심사 등록신청서

<table>
<tr><td colspan="4" align="center">신청자 기본정보</td></tr>
<tr><td>성 명</td><td></td><td>성 별</td><td></td></tr>
<tr><td>생년월일</td><td>년 월 일</td><td>여권번호</td><td></td></tr>
<tr><td>주 소</td><td colspan="3"></td></tr>
<tr><td rowspan="2">연 락 처</td><td>전화 :</td><td colspan="2">휴대전화 :</td></tr>
<tr><td colspan="3">전자우편(e-mail) :</td></tr>
<tr><td colspan="4" align="center">자동출입국심사용 개인정보 관련 고지사항</td></tr>
<tr><td colspan="4">1. 개인정보의 종류 : 지문(좌우 검지) 및 얼굴에 관한 정보
2. 개인정보의 수집 목적 : 정보화기기에 의한 본인확인 등 출입국심사에 활용
3. 개인정보 관리 : 개인정보는 암호화로 정보화 처리되어 안전하게 관리됨
4. 개인정보 관리 책임자
• 소속 : • 성명 : • 전화번호 :
5. 개인정보 주체(17세 미만인 경우 제공자 본인 또는 대리인)는 제공한 개인정보를 열람하거나 이용내역을 확인할 수 있으며, 개인정보의 오류정정을 요청하거나 이용의 동의를 철회할 수 있음</td></tr>
<tr><td colspan="4">상기 본인은 「출입국관리법 시행령」 제1조의2제1항 및 같은 법 시행규칙 제1조의2제1항에 따라 자동출입국심사를 신청하며, 자동출입국심사에 필요한 개인정보의 제공 및 이용에 동의합니다.

년 월 일
신청인 : (서명)

○○출입국관리사무소(출장소)장 귀하</td></tr>
</table>

210mm×297mm[일반용지60g/m²(재활용품)]

승무원의 등록 등 :

- 승무원이 승무원등록을 하고자 하는 때에는 여권 및 승무원등록신고서에 사진 1매와 재직증명서를 첨부하여 출입국관리공무원에게 제출하여야 한다.
- 출입국관리공무원이 승무원등록신고서를 제출받은 때에는 승무원의 자격심사를 한 후 등록번호를 부여하여 승무원등록대장에 기재하고 승무원등록증을 그 승무원에게 교부하여야 한다.
- 등록을 한 승무원이 등록사항에 변동이 있는 때에는 관계 증명 서류를 출입국관리 공무원에게 제출하여야 한다.

승무원등록신고서

등록번호 ☐☐-☐☐-☐☐-☐☐☐☐☐

사진 35mm×45mm	성명		한자		성별	남 M / 여 F
	주민등록번호		생년월일			
	소속		사원번호			
	직위		입사연월일			
주소			전화번호			
여권번호		여권발급일자		여권유효기간		
등록사항변경						

신고일 . . .

신고인 서명 ____________

○○출입국관리사무소장 귀하

REPORT ON REGISTRATION OF CREW

No. ☐☐-☐☐-☐☐-☐☐☐☐☐

PHOTO 35mm×45mm	FAMILY NAME		SEX	M / F
	GIVEN NAMES			
	DATE OF BIRTH		NATIONALITY	
	AIR LINE		POSITION	
ADDRESS IN KOREA			TELEPHONE	
PASSPORT	NO		DATE OF ISSUE	
			DATE OF EXPIRATION	
REGISTRATION CERTIFICATE	NO		PERIOD OF SOJOURN	
	DATE OF ISSUE		REENTRY PERMIT UNTIL ;	
REMARKS				

DATE OF REPORT . . .

SIGNATURE OF APPLICANT ____________

TO : CHIEF, ○○IMMIGRATION OFFICE

23236-12411민
93.3.22 승인

150mm×110mm
(인쇄용지(특급) 120g/m^2)

승무원등록대장

등록번호	국적	성명	생년월일	성별	소속	등록일자	비고

승무원등록증

〈앞면〉

CREW REGISTRATION CARD
승무원등록증

사진 Photo 2.7mm×3.5mm MINISTRY OF JUSTICE REPUBLIC OF KOREA	*Reg No.* *Name* *Date of birth* *Sex* *Nationality* *Passport No.* *Rank* *Name of bearer* *Date Of Issue* *Expiry*

출입국관리사무소장 ㊞
Chief, ○○Immigration Office

85.6mm(가로)×54.0(세로)×0.76mm(두께)
재질 : (PVC, 경질 폴리염화비닐) ISO 7810 ID-1 type

〈뒷면〉

기재사항변경/Change if statements

일 자	구 분	내 용	확인자

주의사항/Notice

1. 이 증은 출입국시 항시 휴대하여야 하며 출입국관리공무원이나 다른 권한있는 공무원의 요구가 있을 때에는 제시하여야 합니다.
   This card should be carried at all times and presented to an immigration officer or other authorized official upon request.
2. 이 증의 소지자 또는 운수업자는 명의인이 승무종료로 하선하거나 퇴직한 때, 승무원 등록이 취소 또는 무효가 된 때에는 빠른 시일 내에 출입국관리 공무원에게 반환하여야 합니다.
   Surrender this card to an immigration officer when the bearer of this card retired or was fired.
3. 이 증을 습득하신 분은 우체통에 넣어주세요.
   If found, please put this into the postbox.

제4조(출국의 금지) ① 법무부장관은 다음 각 호의 어느 하나에 해당하는 국민에 대하여는 기간을 정하여 출국을 금지할 수 있다.

1. 범죄 수사를 위하여 출국이 적당하지 아니하다고 인정되는 사람
2. 형사재판에 계속(係屬) 중인 사람
3. 징역형이나 금고형의 집행이 끝나지 아니한 사람
4. 대통령령으로 정하는 금액 이상의 벌금이나 추징금을 내지 아니한 사람
5. 대통령령으로 정하는 금액 이상의 국세 · 관세 또는 지방세를 정당한 사유 없이 그 납부기한까지 내지 아니한 사람
6. 그 밖에 제1호부터 제5호까지의 규정에 준하는 사람으로서 대한민국의 이익이나 공공의 안전 또는 경제 질서를 해칠 우려가 있어 그 출국이 적당하지 아니하다고 법무부령으로 정하는 사람

② 중앙행정기관의 장 및 법무부장관이 정하는 관계 기관의 장은 소관 업무와 관련하여 제1항 각 호의 어느 하나에 해당하는 사람이 있다고 인정할 때에는 법무부장관에게 출국금지를 요청할 수 있다.

③ 출입국관리공무원은 출국심사를 할 때에 제1항에 따라 출국이 금지된 사람을 출국시켜서는 아니 된다.

④ 제1항부터 제3항까지에서 규정한 사항 외에 출국금지기간과 출국금지절차에 관하여 필요한 사항은 대통령령으로 정한다.

벌금 등 미납에 따른 출국금지 기준 :

- 벌금 : 1천만원
- 추징금 : 2천만원
- 국세 · 관세 또는 지방세 : 5천만원(정당한 사유 없이 그 납부기한까지 내지 아니한 경우)

출국금지기간 :

- 소재를 알 수 없어 기소중지결정이 된 사람 또는 도주 등 특별한 사유가 있어 수

사진행이 어려운 사람 : 3개월 이내나. 기소중지결정이 된 경우로서 체포영장 또는 구속영장이 발부된 사람 : 영장 유효기간 이내

- 어느 하나에 해당하는 사람 : 6개월 이내
- 출국금지기간을 계산할 때 그 기간이 일(日) 단위인 경우에는 초일은 시간을 계산함이 없이 1일로 산정하고, 월(月) 단위인 경우에는 역서에 따라 계산한다. 이 경우 기간의 말일이 공휴일 또는 토요일인 때에도 그 기간에 산입한다.

병역의무자의 출국사실 통보 :

사무소장 또는 출장소장은 병역의무자인 국민이 출국하면 그 사실을 지체 없이 병무청장에게 통보(정보통신망을 이용한 통보를 포함한다)하여야 한다.

제5조(국민의 여권 등의 보관) ① 출입국관리공무원은 제4조제1항에 따라 출국이 금지된 사람의 여권을 회수하여 보관할 수 있다.

② 출입국관리공무원은 위조되거나 변조된 국민의 여권 또는 선원신분증명서를 발견하였을 때에는 회수하여 보관할 수 있다.

제6조(국민의 입국) ① 대한민국 밖의 지역에서 대한민국으로 입국(이하 "입국"이라 한다)하려는 국민은 유효한 여권을 가지고 입국하는 출입국항에서 출입국관리공무원의 입국심사를 받아야 한다. 다만, 부득이한 사유로 출입국항으로 입국할 수 없을 때에는 사무소장이나 출장소장의 허가를 받아 출입국항이 아닌 장소에서 출입국관리공무원의 입국심사를 받은 후 입국할 수 있다.

② 출입국관리공무원은 국민이 유효한 여권을 잃어버리거나 그 밖의 사유로 이를 가지지 아니하고 입국하려고 할 때에는 확인절차를 거쳐 입국하게 할 수 있다.

③ 제1항에 따른 입국심사는 대통령령으로 정하는 바에 따라 정보화기기에 의한 입국심사로 갈음할 수 있다.

제3장 외국인의 입국 및 상륙

제1절 외국인의 입국

제7조(외국인의 입국) ① 외국인이 입국할 때에는 유효한 여권과 법무부장관이 발급한 사증(査證)을 가지고 있어야한다.

② 다음 각 호의 어느 하나에 해당하는 외국인은 제1항에도 불구하고 사증 없이 입국할 수 있다.

1. 재입국허가를 받은 사람 또는 재입국허가가 면제된 사람으로서 그 허가 또는 면제받은 기간이 끝나기 전에 입국하는 사람
2. 대한민국과 사증면제협정을 체결한 국가의 국민으로서 그 협정에 따라 면제대상이 되는 사람
3. 국제친선, 관광 또는 대한민국의 이익 등을 위하여 입국하는 사람으로서 대통령령으로 정하는 바에 따라 따로 입국허가를 받은 사람
4. 난민여행증명서를 발급받고 출국한 후 그 유효기간이 끝나기 전에 입국하는 사람

③ 법무부장관은 공공질서의 유지나 국가이익에 필요하다고 인정하면 제2항제2호에 해당하는 사람에 대하여 사증면제협정의 적용을 일시 정지할 수 있다.

④ 대한민국과 수교(修交)하지 아니한 국가나 법무부장관이 외교통상부장관과 협의하여 지정한 국가의 국민은 제1항에도 불구하고 대통령령으로 정하는 바에 따라 재외공관의 장이나 사무소장 또는 출장소장이 발급한 외국인입국허가서를 가지고 입국할 수 있다.

제8조(사증) ① 제7조에 따른 사증은 1회만 입국할 수 있는 단수사증(單數査證)과 2회 이상 입국할 수 있는 복수사증(複數査證)으로 구분한다.

② 법무부장관은 사증발급에 관한 권한을 대통령령으로 정하는 바에 따라 재외공관의 장에게 위임할 수 있다.

③ 사증발급에 관한 기준과 절차는 법무부령으로 정한다.

사증발급 :

- 발급 받고자 하는 자는 사증발급신청서에 법무부령이 정하는 서류를 첨부하여 재외공관의 장에게 제출하여야 한다.
- 재외공관의 장은 사증발급신청을 한 외국인에 대하여 법무부령이 정하는 바에 따라 사증을 발급하여야 한다. 이 경우 그 사증에는 체류자격과 체류기간 등 필요한 사항을 기재하여야 한다.
- 법무부장관은 사증을 발급함에 있어 필요하다고 인정하는 때에는 사증을 발급 받고자 하는 자에게 관계중앙행정기관의 장으로부터 추천서를 발부받아 제출하게 하거나 관계중앙행정기관의 장에게 의견을 물을 수 있다.
- 추천서의 발부기준은 관계중앙행정기관의 장이 법무부장관과 협의하여 따로 정한다.
- 법무부장관은 취업활동을 할 수 있는 체류자격에 해당하는 사증을 발급하는 경우 국내의 고용사정을 고려하여야 한다.

(앞 쪽)

사증발급신청서 APPLICATION FOR VISA

※사증발급인정번호(CONFIRMATION OF VISA ISSUANCE No :   )

사 진 PHOTO 3.5mm×4.5mm	1.성 Surname	3.漢字姓名	4.성별 Gender [ ]M [ ]F
	2.명 Given Names	5.생년월일 Date of Birth	
	6.국적 Nationality	7.출생국가 Country of Birth	
	8.현주소 Home Address		
	9.전화번호 Phone No.	10.휴대전화 Mobile Phone No.	
	11.이메일 E-mail	12.신분증번호 National Identity No.	

여권	13.여권번호 Passport No.	14.여권종류 Classification 外交, 公務, 公務普通, 因私, 其他 DP(外交), OF(官用), OR(一般), OTHERS(其他)	
	15.발급지 Place of Issue	16.발급일자 Date of Issue	17.기간만료일 Date Of Expiry

직업	18.직업 Occupation	19.직장전화번호 Business Phone No.
	20.직장명 및 주소 Name and Address of Present Employer	

결혼여부 Marital status	21.[ ]기혼 married [ ]배우자사망 widowed [ ]미혼 Single [ ]이혼 divorced	
	22.배우자 성명 Spouse's Name	23.배우자 생년월일 Spouse's Date of Birth
	24.배우자 국적 Spouse's Nationality	25.배우자 연락처 Spouse's Phone No.

26.입국 목적 Purpose of Entry	27.체류예정기간 Potential Length of Stay
28.입국예정일 Potential Date of Entry	29.방한사실 Previous Visit (If Any)
30.국내체류지 Address in Korea	31.국내전화번호 Phone No. in Korea
32.국내 체류비용 지불자 Who Will Pay For The Expense For Your Stay?	
33.과거 5년간 여행국가 Countries You Have Travelled During The Past 5 Years	

※Please note that C-series visa holders are not able to change their residential status after entry into Republic of Korea pursuant to the first clause of article 9 of Immigration Regulation

34. 동반가족 Accompanying Family	관계 Relationship	국적 Nationality	성명 Name	생년월일 Date of birth	성별 Gender
35. 국내 보증인 Guarantor or Reference in Korea	관계Relationship	국적 Nationality	성명 Name	생년월일 Date of bitrh	성별 Gender

I declare that the statements made in this application are true and correct to the best of my knowledge and belief, that I will observe the provisions of the Immigration Law of the Republic of Korea and that I will not engage in any activities irrelevant to the purpose of entry stated herein. Besides, I am fully aware that any false or misleading statement may result in the refusal of a visa, and that possession of a visa does not entitle the bearer to enter the Republic of Korea upon arrival at the port of entry if he/she is found inadmissible.

신청일자 DATE OF APPLICATION   신청인 서명 SIGNATURE OF APPLICANT

공용란 FOR OFFICIAL USE ONLY							
기본사항	체류자격		체류기간		사증종류	단수 · 복수(2회, 3회 이상)	
접수사항	접수일자		접수번호		처리과		
허가사항	허가일자		허가번호		고지사항		
결 재	담당자		가 · 부	〈심사의견〉			

수입인지 부착란

210mm×297mm(인쇄용지(2급) 60g/㎡)

(뒤 쪽)

Notice

○Fill out the form in English language and sign it with your signature.
○Attach a photo taken within the last 6 months.
○Submission of additional documents may be requested, after the application is completed.
○The visa issuance may be denied after the screening of the application.
○Applicants shall notify the competent Korean embassy if there is a material change after the application is lodged or a visa has been issued.
○If you obtain a new passport after a visa has been issued, you should transfer the visa onto a new passport before departure.
○If you have a history of breaking the immigration law in foreign countries, you should submit the details of it with the application.
○Visa fee is not refundable even if visa is denied.

How to fill it out

Write down the number of the Confirmation of Visa Issuance, if applicable.
1~2. Write down the name as printed in your passport. Surname is last name and given name is first name.
3. If you have the Chinese character name, write down in Chinese character.
※ Only for people from countries that use chinese character.
4. To mark your gender, check a bracket below.
5. Write down the date of birth in the order of date, month, and year.
6. Write down your nationality.
7. Write down the name of the country you were born in.
8.~11. Write down your address, phone number, mobile phone number and email in your home country.
13.~17. Write down the type of your passport (see your passport) and draw a circle around the appropriate one.
※ DP(Diplomatic Passport), OF(Official Passport), OR(Ordinary Passport)
18.~20. Write down your occupation and the phone number・name・address of your company.
21.~25. Write down personal data of your spouse, if you are married.
29. Write down how many times you have visited Korea.
30~31. Write down the address and phone number of a place you are going to stay after arriving in Korea. If they are undecided, write down "undecided."
32. Write down who will bear the cost of your stay in Korea. (name, relation)
34. If you are a spouse or a child under the age of 20 of a person who holds the visa status of Culture and Art(D-1), Student(D-2), General Training(D-4) through Particular Occupation(E-7), fill these blanks.
35. Write down the name of person who sponsors your visa.
※ A sponsor may be a non-korean.

대한민국사증

스티커사증

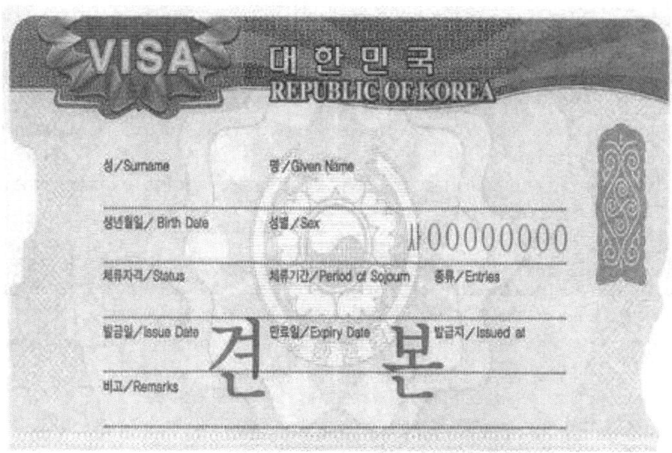

120mm×80mm

사증인

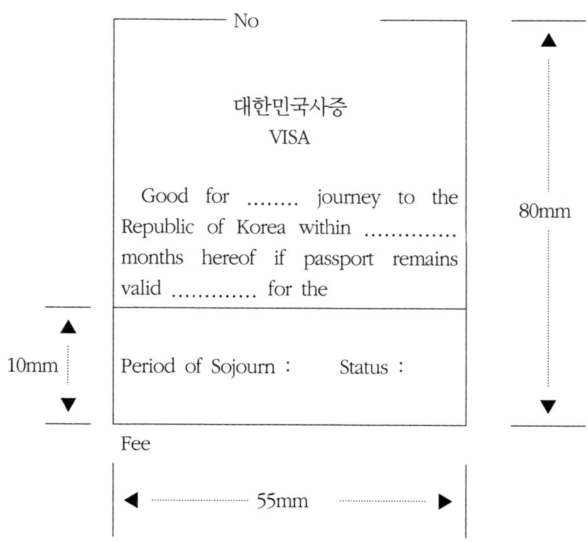

온라인에 의한 사증발급 신청 :

- 법무부장관은 사증발급인정서의 온라인 발급 신청 등을 위하여 정보통신망을 설치 · 운영할 수 있다.
- 정보통신망을 통하여 사증 등의 발급을 신청하려는 자는 신청서에 법무부령으로 정하는 서류를 첨부하여 제출할 수 있다.
- 정보통신망을 통하여 사증 등의 발급을 신청하려는 자는 미리 사용자 등록을 하여야 한다.
- 정보통신망의 설치 · 운영과 온라인에 의한 사증 등 발급신청서의 서식 등에 관하여 필요한 사항은 법무부장관이 정한다.

단체사증의 발급 :

- 재외공관의 장은 일시 방문하는 외교사절단, 국제행사참가단체, 수학여행단체 기타 이에 준하는 여행객 단체로서 그 구성원의 수가 법무부장관이 따로 정하는 인원을 초과하는 단체의 구성원이 동일한 선박 · 항공기 · 기차 · 자동차 기타의 교통기관으로 입국하고자 하는 때에는 단체사증을 발급할 수 있다.
- 단체사증을 발급받고자 하는 경우에는 그 단체의 대표자 또는 양국간 협정 등에 의하여 지정된 자가 단체사증발급신청서에 구성원 전원의 여권과 법무부장관이 따로 정하는 서류를 첨부하여 재외공관의 장에게 제출하여야 한다.
- 재외공관의 장이 단체사증을 발급하는 때에는 그 대표자의 여권에 사증인을 찍고 그 사증의 왼쪽 아랫부분에 "단체사증발급신청서 사본 별첨"인을 찍어야 한다. 다만, 재외공관의 장이 특별한 사유가 있다고 인정하는 경우에는 각 신청자의 여권에 사증을 발급할 수 있다. 이 경우 그 사증의 아랫부분에 단체의 일원임을 확인할 수 있는 표시를 하여야 한다.

  재외공관의 장이 단체사증을 교부하는 때에는 제출된 단체사증발급신청서사본에 재외공관의 확인인을 찍어 그 사증과 함께 교부하고 입국할 때에 그 대표자가 출입국관리공무원에게 이를 제시하여야 한다는 뜻을 알려야 한다.
- 출입국관리공무원이 단체사증을 발급받아 입국하는 단체에 대하여 입국심사를 마친 때에는 교부한 단체사증발급신청서 사본의 왼쪽 아랫부분에 입국심사인을

찍어 이를 반환하여야 한다.

- 출입국관리공무원이 단체사증발급신청서 사본에 기재된 자에 대하여 입국심사를 하는 때에는 그 구성원의 여권에 각각 입국심사인을 찍고 그 대표자의 사증에 부여된 것과 같은 체류자격 및 체류기간을 기재하여야 한다.
- 출입국관리공무원은 단체사증을 발급받아 입국한 단체의 구성원이 출국하는 때에는 구성원의 여권에 각각 출국심사인을 찍는 외에 교부한 단체사증발급신청서 사본을 회수하여 그 오른쪽 아랫부분에 출국심사인을 찍어 이를 보관하여야 한다. 이 경우 출국하지 아니하는 자가 있는 때에는 단체사증발급신청서 사본의 비고란에 그 사실을 기재하고 그가 출국하는 때에 이를 정리하여야 한다.

사증의 유효기간 :

- 단수사증의 유효기간은 발급일부터 3월로 한다.
- 복수사증의 유효기간은 발급일부터 다음의 기간으로 한다.

1. 외교(A-1) 내지 3. 협정(A-3)에 해당하는 자의 복수사증은 3년 이내, 방문취업(H-2)에 해당하는 자의 복수사증은 5년 이내
2. 복수사증발급협정 등에 의하여 발급된 복수사증은 협정상의 기간
3. 상호주의 기타 국가이익 등을 고려하여 발급된 복수사증은 법무부장관이 따로 정하는 기간

제9조(사증발급인정서) ① 법무부장관은 제7조제1항에 따른 사증을 발급하기 전에 특히 필요하다고 인정할 때에는 입국하려는 외국인의 신청을 받아 사증발급인정서를 발급할 수 있다.

② 제1항에 따른 사증발급인정서 발급신청은 그 외국인을 초청하려는 자가 대리할 수 있다.

③ 제1항에 따른 사증발급인정서의 발급대상·발급기준 및 발급절차는 법무부령으로 정한다.

제10조(체류자격) ① 입국하려는 외국인은 대통령령으로 정하는 체류자격

을 가져야 한다.

② 1회에 부여할 수 있는 체류자격별 체류기간의 상한은 법무부령으로 정한다.

제11조(입국의 금지 등) ① 법무부장관은 다음 각 호의 어느 하나에 해당하는 외국인에 대하여는 입국을 금지할 수 있다.

1. 감염병환자, 마약류중독자, 그 밖에 공중위생상 위해를 끼칠 염려가 있다고 인정되는 사람
2. 「총포·도검·화약류 등 단속법」에서 정하는 총포·도검·화약류 등을 위법하게 가지고 입국하려는 사람
3. 대한민국의 이익이나 공공의 안전을 해치는 행동을 할 염려가 있다고 인정할 만한 상당한 이유가 있는 사람
4. 경제질서 또는 사회질서를 해치거나 선량한 풍속을 해치는 행동을 할 염려가 있다고 인정할 만한 상당한 이유가 있는 사람
5. 사리 분별력이 없고 국내에서 체류활동을 보조할 사람이 없는 정신장애인, 국내체류비용을 부담할 능력이 없는 사람, 그 밖에 구호(救護)가 필요한 사람
6. 강제퇴거명령을 받고 출국한 후 5년이 지나지 아니한 사람
7. 1910년 8월 29일부터 1945년 8월 15일까지 사이에 다음 각 목의 어느 하나에 해당하는 정부의 지시를 받거나 그 정부와 연계하여 인종, 민족, 종교, 국적, 정치적 견해 등을 이유로 사람을 학살·학대하는 일에 관여한 사람
   가. 일본 정부
   나. 일본 정부와 동맹 관계에 있던 정부
   다. 일본 정부의 우월한 힘이 미치던 정부
8. 제1호부터 제7호까지의 규정에 준하는 사람으로서 법무부장관이 그 입국이 적당하지 아니하다고 인정하는 사람

② 법무부장관은 입국하려는 외국인의 본국(本國)이 제1항 각 호 외의 사

유로 국민의 입국을 거부할 때에는 그와 동일한 사유로 그 외국인의 입국을 거부할 수 있다.

제12조(입국심사) ① 외국인이 입국하려는 경우에는 입국하는 출입국항에서 출입국관리공무원의 입국심사를 받아야 한다.
② 제1항에 관하여는 제6조제1항 단서 및 같은 조 제3항을 준용한다.
③ 출입국관리공무원은 입국심사를 할 때에 다음 각 호의 요건을 갖추었는지를 심사하여 입국을 허가한다.

1. 여권과 사증이 유효할 것. 다만, 사증은 이 법에서 요구하는 경우만을 말한다.
2. 입국목적이 체류자격에 맞을 것
3. 체류기간이 법무부령으로 정하는 바에 따라 정하여졌을 것
4. 제11조에 따른 입국의 금지 또는 거부의 대상이 아닐 것

④ 출입국관리공무원은 외국인이 제3항 각 호의 요건을 갖추었음을 증명하지 못하면 입국을 허가하지 아니할 수 있다.
⑤ 출입국관리공무원은 제7조제2항제2호 또는 제3호에 해당하는 사람에게 입국을 허가할 때에는 대통령령으로 정하는 바에 따라 체류자격을 부여하고 체류기간을 정하여야 한다.
⑥ 출입국관리공무원은 제1항이나 제2항에 따른 심사를 하기 위하여 선박 등에 출입할 수 있다.

제12조의2(입국 시 지문 및 얼굴에 관한 정보의 제공 등) ① 입국하려는 외국인은 제12조에 따라 입국심사를 받을 때 법무부령으로 정하는 방법으로 지문 및 얼굴에 관한 정보를 제공하고 본인임을 확인하는 절차에 응하여야 한다. 다만, 다음 각 호의 어느 하나에 해당하는 사람은 그러하지 아니하다.

1. 17세 미만인 사람
2. 외국정부 또는 국제기구의 업무를 수행하기 위하여 입국하는 사람

과 그 동반 가족

3. 외국과의 우호 및 문화교류 증진, 경제활동 촉진 또는 대한민국의 이익 등을 고려하여 지문 및 얼굴에 관한 정보의 제공을 면제하는 것이 필요하다고 대통령령으로 정하는 사람

② 출입국관리공무원은 외국인이 제1항 본문에 따라 지문 및 얼굴에 관한 정보를 제공하지 아니하는 경우에는 그의 입국을 허가하지 아니할 수 있다.

③ 법무부장관은 입국심사에 필요한 경우에는 관계 행정기관이 보유하고 있는 외국인의 지문 및 얼굴에 관한 자료의 제출을 요청할 수 있다.

④ 제3항에 따라 협조를 요청받은 관계 행정기관은 정당한 이유 없이 그 요청을 거부하여서는 아니 된다.

⑤ 출입국관리공무원은 제1항에 따라 제공받은 지문 및 얼굴에 관한 정보와 제3항에 따라 제출받은 자료를 입국심사에 활용할 수 있다.

⑥ 법무부장관은 제1항에 따라 제공받은 지문 및 얼굴에 관한 정보와 제3항에 따라 제출받은 자료를 「공공기관의 개인정보보호에 관한 법률」에 따라 보유하고 관리한다.

지문 및 얼굴에 관한 정보의 제공 방법 :

외국인이 입국심사를 받을 때에는 출입국관리공무원이 지정하는 정보화기기를 통하여 양쪽 집게손가락의 지문과 얼굴에 관한 정보를 제공하여야한다. 다만, 훼손되거나 그 밖의 사유로 집게손가락의 지문을 제공할 수 없는 경우에는 엄지손가락, 가운데손가락, 약손가락, 새끼손가락의 순서에 따라 지문을 제공하여야 한다.

제2절 외국인의 상륙

제14조(승무원의 상륙허가) ① 출입국관리공무원은 다음 각 호의 어느 하나에 해당하는 외국인승무원에 대하여 선박 등의 장 또는 운수업자나 본인이 신청하면 15일의 범위에서 승무원의 상륙을 허가할 수 있다. 다만,

제11조제 1항 각 호의 어느 하나에 해당하는 외국인승무원에 대하여는 그러하지 아니하다.

1. 승선 중인 선박 등이 대한민국의 출입국항에 정박하고 있는 동안 휴양 등의 목적으로 상륙하려는 외국인승무원
2. 대한민국의 출입국항에 입항할 예정이거나 정박 중인 선박 등으로 옮겨 타려는 외국인승무원

② 출입국관리공무원은 제1항에 따른 신청을 받으면 다음 각 호의 서류를 확인하여야 한다. 다만, 외국과의 협정 등에서 선원신분증명서로 여권을 대신할 수 있도록 하는 경우에는 선원신분증명서의 확인으로 여권의 확인을 대신할 수 있다.

1. 제1항제1호에 해당하는 외국인승무원이 선원인 경우에는 선원신분증명서
2. 제1항제2호에 해당하는 외국인승무원이 선원인 경우에는 여권 및 대통령령으로 정하는 서류. 다만, 제7조제 2항제3호에 해당하는 사람인 경우에는 여권
3. 그 밖의 외국인승무원의 경우에는 여권

③ 출입국관리공무원은 제1항에 따른 허가를 할 때에는 승무원 상륙허가서를 발급하여야 한다. 이 경우 승무원 상륙허가서에는 상륙허가의 기간, 행동지역의 제한 등 필요한 조건을 붙일 수 있다.

④ 제3항 후단에도 불구하고 제1항 제2호에 해당하는 승무원 상륙허가에 관하여는 제12조를 준용한다.

⑤ 사무소장이나 출장소장은 승무원 상륙허가를 받은 외국인승무원에 대하여 필요하다고 인정하면 그 상륙허가의 기간을 연장할 수 있다.

⑥ 제3항에 따라 발급받은 승무원 상륙허가서는 그 선박 등이 최종 출항할 때까지 국내의 다른 출입국항에서도 계속 사용할 수 있다.

⑦ 외국인승무원의 지문 및 얼굴에 관한 정보의 제공 등에 관하여는 제12조의2를 준용한다. 다만, 승무원이 선원이고 상륙허가 절차상 지문 및 얼굴에 관한 정보를 제공하는 것이 곤란한 경우에는 그러하지 아니하다.

제15조(긴급상륙허가) ① 출입국관리공무원은 선박 등에 타고 있는 외국인(승무원을 포함한다)이 질병이나 그 밖의 사고로 긴급히 상륙할 필요가 있다고 인정되면 그 선박등의 장이나 운수업자의 신청을 받아 30일의 범위에서 긴급상륙을 허가할 수 있다.
② 제1항의 경우에는 제14조제3항 및 제5항을 준용한다. 이 경우 "승무원 상륙허가서"는 "긴급상륙허가서"로, "승무원 상륙허가"는 "긴급상륙허가"로 본다.
③ 선박등의 장이나 운수업자는 긴급상륙한 사람의 생활비 · 치료비 · 장례비와 그 밖에 상륙 중에 발생한 모든 비용을 부담하여야 한다.

제16조(재난상륙허가) ① 사무소장이나 출장소장은 조난을 당한 선박등에 타고 있는 외국인(승무원을 포함한다)을 긴급히 구조할 필요가 있다고 인정하면 그 선박등의 장, 운수업자, 「수난구호법」에 따른 구호업무 집행자 또는 그 외국인을 구조한 선박등의 장의 신청에 의하여 30일의 범위에서 재난상륙허가를 할 수 있다.
② 제1항의 경우에는 제14조제3항 및 제5항을 준용한다. 이 경우 "승무원 상륙허가서"는 "재난상륙허가서"로, "승무원 상륙허가"는 "재난상륙허가"로 본다.
③ 재난상륙허가를 받은 사람의 상륙 중 생활비 등에 관하여는 제15조제3항을 준용한다. 이 경우 "긴급상륙"은 "재난상륙"으로 본다.

제4장 외국인의 체류와 출국

제2절 외국인의 출국

제28조(출국심사) ① 외국인이 출국할 때에는 유효한 여권을 가지고 출국하는 출입국항에서 출입국관리공무원의 출국심사를 받아야 한다.
② 제1항의 경우에 출입국항이 아닌 장소에서의 출국심사에 관하여는 제3

조제1항 단서를 준용한다.

③ 제1항과 제2항의 경우에 위조되거나 변조된 외국인의 여권 · 선원신분증명서에 관하여는 제5조제2항을 준용한다.

④ 제1항과 제2항의 경우에 선박 등의 출입에 관하여는 제12조제6항을 준용한다.

⑤ 외국인의 출국심사에 관하여는 제3조제2항을 준용한다.

제7장 선박 등의 검색

제69조(선박 등의 검색 및 심사) ① 선박 등이 출입국항에 출 · 입항할 때에는 출입국관리공무원의 검색을 받아야 한다.

② 선박 등의 장이나 운수업자는 선박 등이 부득이하게 출입국항이 아닌 장소에 출 · 입항하여야 할 사유가 발생하면 제74조에 따른 출 · 입항 예정통보서에 그 사유를 소명하는 자료를 첨부하여 미리 사무소장이나 출장소장에게 제출하고 제1항에 따른 검색을 받아야 한다. 다만, 항공기의 불시착, 선박의 조난 등 불의의 사고가 발생하면 지체 없이 그 사실을 사무소장이나 출장소장에게 보고하여 검색을 받아야 한다.

③ 출입국관리공무원은 제1항이나 제2항에 따라 검색을 할 때에는 다음 각 호의 사항을 심사하여야 한다.

1. 승무원과 승객의 출입국 적격 여부 또는 이선(離船) 여부
2. 법령을 위반하여 입국이나 출국을 하려는 사람이 선박 등에 타고 있는지 여부
3. 제72조에 따른 승선허가를 받지 아니한 사람이 있는지 여부

④ 출입국관리공무원은 제1항부터 제3항까지의 규정에 따른 검색과 심사를 할 때에는 선박 등의 장에게 항해일지나 그 밖에 필요한 서류의 제출 또는 열람을 요구할 수 있다.

⑤ 출입국관리공무원은 선박 등에 승선 중인 승무원 · 승객, 그 밖의 출입자의 신원을 확인하기 위하여 이들에게 질문을 하거나 그 신분을 증명할

수 있는 서류 등을 제시할 것을 요구할 수 있다.
⑥ 사무소장이나 출장소장은 선박 등의 검색을 법무부령으로 정하는 바에 따라 서류심사로 갈음하게 할 수 있다.
⑦ 선박 등의 장은 출항검색이 끝난 후 3시간 이내에 출항할 수 없는 부득이한 사유가 생겼을 때에는 사무소장이나 출장소장에게 그 사유를 보고하고 출항 직전에 다시 검색을 받아야 한다.

제71조(출입국의 정지 등) ① 사무소장이나 출장소장은 제69조제3항에 따른 심사 결과 위법한 사실을 발견하였을 때에는 관계 승무원 또는 승객의 출국이나 입국을 정지시킬 수 있다.
② 제1항에 따른 출입국의 정지는 위법한 사실의 조사에 필요한 기간에만 할 수 있다.
③ 제2항에 따른 조사를 마친 뒤에도 계속하여 출입국을 금지하거나 정지시킬 필요가 있을 때에는 제4조 · 제11조 또는 제29조에 따른 법무부장관의 결정을 받아야 한다.
④ 사무소장이나 출장소장은 제1항, 제4조 또는 제29조에 따라 승객이나 승무원의 출국을 금지하거나 정지시키기 위하여 필요하다고 인정하면 선박 등에 대하여 출항의 일시정지 또는 회항(回航)을 명하거나 선박 등에 출입하는 것을 제한할 수 있다.
⑤ 사무소장이나 출장소장은 제4항에 따라 선박 등에 대하여 출항의 일시정지 또는 회항을 명하거나 출입을 제한하는 경우에는 지체 없이 그 사실을 선박 등의 장이나 운수업자에게 통보하여야 한다. 출항의 일시정지 · 회항명령 또는 출입제한을 해제한 경우에도 또한 같다.
⑥ 제4항에 따른 선박 등의 출항의 일시정지 등은 직무수행에 필요한 최소한의 범위에서 하여야 한다.

제8장 선박 등의 장 및 운수업자의 책임

제73조(운수업자 등의 일반적 의무 등) 선박 등의 장이나 운수업자는 다음 각 호의 사항을 지켜야 한다.

1. 입국이나 상륙을 허가받지 아니한 사람의 입국 · 상륙 방지
2. 유효한 여권(선원의 경우에는 여권 또는 선원신분증명서를 말한다)과 필요한 사증을 지니지 아니한 사람의 탑승방지
3. 승선허가나 출국심사를 받지 아니한 사람의 탑승방지
4. 출입국관리공무원이 제1호부터 제3호까지에 규정된 입국 · 상륙 · 탑승의 방지를 위하여 요청하는 감시원의 배치
5. 이 법을 위반하여 출입국을 하려는 사람이 숨어 있는지를 확인하기 위한 선박등의 검색
6. 선박 등의 검색과 출입국심사가 끝날 때까지 선박등에 무단출입하는 행위의 금지
7. 선박 등의 검색과 출국심사가 끝난 후 출항하기 전까지 승무원이나 승객의 승선 · 하선 방지
8. 출입국관리공무원이 선박 등의 검색과 출입국심사를 위한 직무수행에 특히 필요하다고 인정하여 명하는 사항

제73조의2(승객예약정보의 열람 및 제공) ① 운수업자는 출입국관리공무원이 다음 각 호의 어느 하나에 해당하는 업무를 수행하기 위하여 예약정보의 확인을 요청하는 경우에는 지체 없이 예약정보시스템을 열람하게 하거나 표준화된 전자문서로 제출하여야 한다. 다만, 법무부령으로 정하는 부득이한 사유로 표준화된 전자문서로 제출할 수 없을 때에는 지체 없이 그 사유를 밝히고 서류로 제출할 수 있다.

1. 제7조제1항 · 제7조의2 또는 제12조의3제1항을 위반하였거나 위반하였다고 의심할 만한 상당한 이유가 있는 사람에 대한 조사
2. 제11조제1항 각 호의 어느 하나에 해당하거나 해당한다고 의심할

만한 상당한 이유가 있는 사람에 대한 조사

② 제1항에 따라 열람하거나 문서로 제출받을 수 있는 자료의 범위는 다음 각 호로 한정한다.

1. 성명, 국적, 주소 및 전화번호
2. 여권번호, 여권의 유효기간 및 발급국가
3. 예약 및 탑승수속 시점
4. 여행경로와 여행사
5. 동반 탑승자와 좌석번호
6. 수하물(手荷物)
7. 항공권의 구입대금 결제방법
8. 여행출발지와 최종목적지
9. 예약번호

③ 운수업자는 출입국관리공무원이 정확하고 신속한 출국심사를 위하여 승객에 대한 다음 각 호의 자료를 요청하는 경우에는 지체 없이 표준화된 전자문서로 제출하여야 한다. 다만, 법무부령으로 정하는 부득이한 사유로 표준화된 전자문서로 제출할 수 없을 때에는 지체 없이 그 사유를 밝히고 서류로 제출할 수 있다.

1. 성명, 성별, 생년월일 및 국적
2. 여권번호와 예약번호
3. 출항편, 출항지 및 출항시간
4. 입항지와 입항시간

④ 제1항과 제3항에 따라 자료를 열람하거나 문서로 제출하여 줄 것을 요청할 수 있는 출입국관리공무원은 사무소장이나 출장소장이 지정하는 사람으로 한정한다.

⑤ 제4항에 따라 지정된 출입국관리공무원은 직무상 알게 된 예약정보시스템의 자료를 누설하거나 권한 없이 처리하거나 다른 사람의 이용에 제공하는 등 부당한 목적을 위하여 사용하여서는 아니 된다.

⑥ 제1항과 제3항에 따른 자료의 열람과 제출 시기 등에 관한 구체적인

사항은 대통령령으로 정한다.

제74조(사전통보의 의무) 선박 등이 출입국항에 출·입항하는 경우에 그 선박 등의 장이나 운수업자는 사무소장이나 출장소장에게 출·입항 예정일시와 그 밖에 필요한 사항을 적은 출·입항 예정통보서를 미리 제출하여야 한다.
다만, 항공기의 불시착이나 선박의 조난 등 불의의 사고가 발생한 경우에는 지체 없이 그 사실을 알려야 한다.

제75조(보고의 의무) ① 출입국항이나 출입국항이 아닌 장소에 출·입항하는 선박 등의 장이나 운수업자는 대통령령으로 정하는 사항을 적은 승무원명부와 승객명부를 첨부한 출·입항보고서를 사무소장이나 출장소장에게 제출하여야 한다.
② 제1항에 따른 출·입항보고서는 표준화된 전자문서로 제출하여야 한다. 다만, 법무부령으로 정하는 부득이한 사유로 표준화된 전자문서로 제출할 수 없을 때에는 지체 없이 그 사유를 밝히고 서류로 제출할 수 있다.
③ 제1항에 따른 출·입항보고서의 제출시기 등 그 절차에 관한 구체적인 사항은 대통령령으로 정한다.
④ 출입국항이나 출입국항이 아닌 장소에 입항하는 선박 등의 장이나 운수업자는 여권(선원의 경우에는 여권 또는 선원신분증명서를 말한다)을 가지고 있지 아니한 사람이 그 선박 등에 타고 있는 것을 알았을 때에는 지체 없이 사무소장이나 출장소장에게 보고하고 그의 상륙을 방지하여야 한다.
⑤ 출입국항이나 출입국항이 아닌 장소에서 출항하는 선박 등의 장이나 운수업자는 승무원이 선박 등으로 돌아왔는지와 정당한 출국절차를 마치지 아니하고 출국하려는 사람이 있는지에 관하여 사무소장이나 출장소장에게 보고하여야 한다.

보고의 의무 :

- 선박 등의 장 또는 운수업자는 검색을 받을 때에 출입항보고서를 제출하여야 한다. 서류심사를 받는 때에는 그때에 제출한다.
- 출입항보고서 중 출입국항에 출입항하는 항공기의 장 또는 항공기에 관한 사업을 영위하는 운수업자가 제출하여야 하는 승객명부 및 승무원명부에는 승객 및 승무원 각자에 대하여 다음의 사항을 기재하여야 한다.
  1. 국적
  2. 여권에 기재된 성명
  3. 생년월일
  4. 성별
  5. 여행문서의 종류 및 번호
  6. 환승객인지의 여부(승객의 경우에 한한다)
- 출입항보고서 중 출입국항에 출입항하는 항공기의 장 또는 항공기에 관한 사업을 영위하는 운수업자가 제출하여야 하는 항공기에 관한 정보에는 다음의 사항을 기재하여야 한다.
  1. 항공기의 종류
  2. 등록기호 및 명칭
  3. 국적
  4. 출항지 및 출항시간
  5. 경유지 및 경유시간
  6. 입항지 및 입항시간
  7. 승무원 · 승객 · 환승객의 수
- 사무소장 또는 출장소장은 표준전자문서로 제출된 출입항보고서에 승객명부 또는 승무원명부 중 누락된 자가 있는 등 보완할 사항이 있는 경우에는 지체없이 항공기의 장 또는 운수업자에게 보완하여 제출하도록 할 수 있다.
- 출입항보고서의 제출 시기는 입항의 경우 출발국에서 출항 후 20분 이내 또는 국내 입항 2시간 이전으로 하며, 출항의 경우는 출항준비가 완료되는 즉시로 한다.

검역법

검역법

본 법률은 해외로부터 유입될 수 있는 전염병을 차단하고 확산되는 것을 막을 수 있는 중요한 사항으로 해당 항공기의 승객은 물론 우리나라 국민의 건강과 밀접한 관련이 있는 법률이라 할 수 있다.
검역은 우리나라로 들어오거나 외국으로 나가는 운송수단 중 가장 많은 사람들이 이용하는 항공기에 탑승하여 근무하는 객실승무원의 중요한 임무 중 하나이며, 승객들의 편안하고 안전한 여행을 위한 절차라 할 수 있다.
따라서 객실승무원의 검역에 관한 임무는 중요하게 다루어져야 할 부분이다.
검역 문제로 항공기가 목적지 공항에 착륙하지 못하고 회항하는 경우가 일어날 수 있는 중요한 사항이며 승객의 안전과 항공기의 안전운항과도 밀접한 관련이 있음을 인식하여야 한다.
검역법을 통해 콜레라, 페스트 등의 검역감염병의 종류, 항공기 검역조사 방법 및 통보방법 등의 법률과 검역조사를 위한 건강상태질문서, 승무원 및 승객명부, 항공기보건상태 신고서, 회항·이동 지시서 등의 관련 서식을 함께 살펴보고자 한다.
그리고 운항중인 항공기내에서 사망사고가 발생하기도 하는데 이런 경우 작성해야 하는 사망경위서와 검역공무원에 대한 내용을 파악함으로써 승무원 본인의 건강은 물론 항공기에 탑승한 승객 그리고 더 나아가 우리나라 많은 국민들의 건강과 관련된 사항으로 꼭 알아야 할 법률이라고 할 수 있다.

제1장 총 칙

제1조(목적) 이 법은 우리나라로 들어오거나 외국으로 나가는 운송수단, 사람 및 화물을 검역(檢疫)하는 절차와 감염병을 예방하기 위한 조치에 관한 사항을 규정하여 국내외로 감염병이 번지는 것을 방지함으로써 국민의 건강을 유지·보호하는 것을 목적으로 한다.

제2조(정의) 이 법에서 사용하는 용어의 뜻은 다음과 같다.

1. "검역감염병"이란 다음 각 목의 어느 하나에 해당하는 것을 말한다.
   가. 콜레라
   나. 페스트

다. 황열

라. 중증급성호흡기증후군

마. 조류인플루엔자 인체감염증

바. 신종인플루엔자감염증

사. 가목에서 바목까지의 것 외의 감염병으로서 외국에서 발생하여 국내로 들어올 우려가 있거나 우리나라에서 발생하여 외국으로 번질 우려가 있어 보건복지부장관이 긴급 검역조치가 필요하다고 인정하여 고시하는 감염병

2. "운송수단"이란 선박, 항공기, 열차 또는 자동차를 말한다.
3. "검역감염병 환자"란 검역감염병 병원체가 인체에 침입하여 증상을 나타내는 사람으로서 의사의 진단 및 검사를 통하여 확인된 사람을 말한다.
4. "검역감염병 의사환자"란 검역감염병 병원체가 인체에 침입한 것으로 의심되나 검역감염병 환자로 확인되기 전 단계에 있는 사람을 말한다.
5. "감염병 매개체"란 공중보건에 위험한 감염성 물질을 전달하는 쥐나 위생해충을 말한다.

제3조(책무) ① 국가는 검역 업무를 수행할 때에 검역 대상자의 인권을 보호하여야 한다.

② 국가는 검역감염병이 국내외로 번지는 것에 신속하게 대처하기 위한 대응 방안을 수립하여야 한다.

③ 국민은 검역감염병이 국내외로 번지는 것을 막기 위한 국가의 시책에 적극 협력하여야 한다.

제4조(다른 법률과의 관계) 검역 관련 업무에 관하여는 다른 법률에 특별한 규정이 있는 경우 외에는 이 법에 따른다.

제5조(오염지역의 지정 및 해제) ① 보건복지부장관은 검역감염병이 발생하여 유행하고 있거나 세계보건기구가 정한 공중보건 위기관리 대상이 되는 감염병환자가 발생하고 있는 지역을 오염지역으로 지정할 수 있다.
② 제1항에 따른 오염지역 지정절차 등에 관하여 필요한 사항은 보건복지부령으로 정한다.

오염지역의 지정절차 :
질병관리본부장은 세계보건기구(WHO)가 「국제보건규칙(IHR)」에 따라 검역감염병 발생 정보를 제공한 지역, 검역감염병이 발생한 날부터 1년이 지나지 않은 지역을 오염지역으로 지정할 수 있다. 그리고 지정한 오염지역의 지정 사유가 소멸되었을 때에는 그 지정을 해제하여야 한다.

제2장 검역조사

제6조(검역이 필요한 운송수단 등) ① 다음 각 호의 어느 하나에 해당하는 운송수단과 사람 및 화물(운송수단 내의 컨테이너, 운송수단 내 비치용품, 소모용품 및 개인 소지 물품을 포함한다. 이하 같다)은 제12조에 따른 검역조사를 받아야 한다. 다만, 외국으로 나가는 운송수단과 사람 및 화물에 대하여는 보건복지부장관이 우리나라에서 검역감염병이 발생하여 국외로 번질 우려가 있다고 인정하는 경우가 아니면 생략할 수 있다.

1. 우리나라로 들어오거나 외국으로 나가는 운송수단과 사람 및 화물
2. 범죄의 예방, 수사 업무나 피의자 체포 업무를 수행할 때에 제1호에 해당하는 운송수단과 접촉한 운송수단과 사람 및 화물

② 제1항에 따른 검역조사를 받지 아니한 운송수단과 사람 및 화물은 검역 절차가 끝나기 전에는 우리나라로 들어오거나 외국으로 나갈 수 없다.
③ 제1항과 제2항에도 불구하고 연료나 자재 및 생활필수품 등을 공급받을 목적으로 우리나라에 일시 머무르는 운송수단 중 보건복지부령으로 정하는 운송수단에 대하여는 보건복지부령으로 정하는 바에 따라 검역조사

의 전부 또는 일부를 생략할 수 있다.

검역조사의 생략 :

"보건복지부령으로 정하는 운송수단" 즉 검역감염병 환자와 검역감염병 의사환자가 없는 운송수단으로서 승무원, 승객 또는 화물을 내리지 아니하며 다음의 어느 하나의 사유로 우리나라에 일시 머무르는 운송수단을 말한다(급유 또는 급수를 위한 경우, 운행에 필요한 물품을 공급받기 위한 경우, 도착 또는 출발 증명서를 받기 위한 경우, 운송수단을 수리하기 위한 경우).

제9조(검역 통보) 운송수단의 장은 해당 운송수단이 검역 장소에 접근하였을 때에는 해당 검역 장소를 관할하는 검역소장에게 검역감염병 환자의 유무와 위생 상태 등 보건복지부령으로 정하는 사항을 보건복지부령으로 정하는 바에 따라 통보하여야 한다. 다만, 나포(拿捕), 귀순 및 조난 등으로 들어오는 경우에는 조사 관련 기관의 장이 통보할 수 있다.

검역 통보 :

운송수단을 운행 또는 조종하는 사람이나 운행 또는 조종의 책임자가 보고 및 통보를 하며 항공기의 경우 항공기 도착(출발)통보서를 제출한다.

항공기 도착(출발) 통보서
REPORT OF ARRIVAL(DEPARTURE) FLIGHT

편명 및 항공기 등록번호 Flight number/Registration

출발지명 및 출발 일시 Name of departure place/Date

머무른 지명 Name of en route stop place

도착 예정 일시/출발 예정 일시 Expected time of arrival/departure

승무원 및 승객의 수 Number of passengers/crew

환자 또는 사망자 유무 Existence of the sick or deceased

비고 Remarks

「검역법」 제8조제1항, 제9조 및 같은 법 시행규칙 제4조제1항에 따라 위와 같이 항공기의 도착(출발)을 통보합니다.

We hereby report that our aircraft have entered the airport in accordance with the provision of Article 8 and 9 of the Quarantine Act.

년(yy) 월(mm) 일(dd)

항공회사 Owner or Operator (서명) (Signature)

국립 ○○ 검역소장 귀하

To. ○○ National Quarantine Officer Ministry for Health and Welfare Republic of Korea

210mm×297mm(일반용지 60g/m^2)

제10조(검역 장소) ① 보건복지부장관은 관계 중앙행정기관의 장과 협의하여 검역 장소를 정한다.

② 검역을 받으려는 운송수단은 검역 장소에 도착하여 검역조사를 받아야 한다. 이 경우 선박은 노란색 기(旗)를 달거나 노란색 전조등을 켜는 등 검역 표시를 한 후 검역조사를 받아야 한다.

③ 검역소장은 날씨나 그 밖의 부득이한 사유가 있는 경우에는 제1항에 따른 검역 장소가 아닌 곳에서도 검역조사를 할 수 있다.

④ 외국으로 나가는 운송수단은 보건복지부령으로 정하는 검역구역(이하 "검역구역"이라 한다) 안에서 검역조사를 받아야 한다.

검역 장소 :

날씨나 그 밖의 부득이한 사유가 있는 경우는 검역장소가 아닌 곳에서도 검역조사를 할 수 있다.

1. 날씨가 나빠 검역 장소에서 검역을 하기 어려운 경우
2. 조수(潮水) 간만(干滿)의 차 또는 파고(波高)로 검역 장소에서 검역을 하기 어려운 경우
3. 운송수단이 고장 등으로 검역 장소에 정박 · 착륙 또는 도착할 수 없는 경우
4. 검역관이 검역 장소로 이동할 수단이 없어 검역 장소에서 검역을 하기 어려운 경우
5. 불법조업 등으로 나포되어 검역 장소 외의 장소에 도착한 경우
6. 선박 내에 긴급 이송이 필요한 환자가 있는 경우
7. 화물의 긴급 하역(荷役) 등 선박이 도착하는 즉시 신속한 검역이 필요한 경우

제11조(검역 시각) ① 검역소장은 날씨나 그 밖의 부득이한 사유가 없는 경우에는 해가 뜰 때부터 해가 질 때까지 검역 장소에 들어온 선박에 대하여 즉시 검역조사를 하여야 하고, 해가 진 후 검역 장소에 들어온 선박으로서 다음 각 호의 어느 하나에 해당하는 선박에 대하여도 즉시 검역조사를 하여야 한다.

1. 선박 안에 응급환자가 있는 경우
2. 선박의 화물을 긴급하게 하역(荷役)할 필요가 있는 경우
3. 그 밖에 안전사고 등 긴급한 상황이 발생한 경우

② 검역소장은 선박을 제외한 운송수단에 대하여는 들어오는 즉시 검역조사를 하여야 하며, 즉시 검역조사를 하지 못하는 부득이한 사유가 있는 경우에는 검역구역에 대기하거나 격리할 것을 조건으로 승객, 승무원 및 화물을 내리게 할 수 있다.

③ 외국으로 나가는 운송수단의 장은 검역소장에게 출발 예정 시각을 통보하여야 한다.

④ 검역소장은 제3항에 따라 통보받은 출발 예정 시각 전에 검역조사를 마쳐야 한다.

제12조(검역조사) ① 검역소장은 다음 각 호의 사항에 대하여 검역조사를 한다. 다만, 자동차의 경우에는 제2호 외의 사항을 생략할 수 있다.

1. 운송수단의 보건 · 위생 상태에 대한 경과(經過)와 현황
2. 승객, 승무원 및 육로로 걸어서 출입하려는 사람(이하 "도보출입자"라 한다)에 대한 검역감염병의 예방관리에 관한 사항
3. 운송수단의 식품 보관 상태 및 화물의 실린 상태
4. 감염병 매개체의 서식 유무와 번식 상태

② 도보출입자는 출입하기 전에 검역구역이나 보건복지부장관이 정하는 장소에서 검역조사를 받아야 한다.

③ 검역소장은 제1항에 따른 검역조사를 하기 위하여 운송수단의 장, 그 승객 및 승무원 또는 도보출입자에게 필요한 서류를 제출하거나 제시하도록 요구할 수 있으며, 필요한 사항을 질문할 수 있다.

④ 제1항부터 제3항까지의 규정에 따른 검역조사의 방법과 절차 등에 관하여 필요한 사항은 보건복지부령으로 정한다.

검역조사 :

운송수단의 장, 그 승객 및 승무원 또는 육로로 걸어서 출입하려는 사람은 검역조사에 필요한 서류를 검역소장에게 제출하거나 제시하여야 한다. 항공기의 경우 항공기 보건상태 신고서, 승무원 및 승객 명부를 제출한다.

그리고 검역감염병이 국내에 번질 우려가 있다고 인정되는 경우 운송수단의 승객 및 승무원의 건강상태 질문서를 제출한다.

항공기 보건상태 신고서(출국용/입국용)
FLIGHT DECLARATION OF HEALTH(Exit/Entry)

※[ ]에는 해당되는 곳에 "√" 표시를 합니다. (1면)

소유자 또는 운항자명 Owner or Operator ______________________

국적기호 및 등록번호 Marks of Nationality and Registration ______________	편명 Flight No. ______________ 연월일 Date ______________
출발지 Departure from ______________ (Place and Country)	도착지 Arrival at ______________ (Place and Country)

항로 FLIGHT ROUTINE

※"지명"란에는 항상 출발지, 머무른 곳 및 목적지를 적습니다.
※"Place" column always to list origin, every en route stop and destination

지명 Place	승무원 성명 Names of Crew		현재 여객수 Current Number of Passengers
			출발지 Departure Place : ______________ 탑승자 수 Embarking : ______________ 통과 여객 Through on same flight : ______________ 도착지 Arrival Place : ______________ 도착 여객 수 Disembarking : ______________ 통과 여객Through on same flight : ______________

220mm×360mm (일반용지 60g/m^2)

(2면)

<table>
<tr><td rowspan="2">

보건상태 신고
DECLARATION OF HEALTH

1. 비행기 안에 항공병 또는 사고 외의 질병으로 앓은 사람(발진, 발열, 오한, 설사증세를 나타내는 사람 포함)이나 질병으로 사망한 사람 또는 도중에 위와 같은 증세로 앓아서 내린 사람을 별지 명세표에 적습니다.
Persons on board with illnesses other than airsickness or the effects of accidents (including persons with Symptoms or illnesses such as rash, fever, chills, and diarrhoea) or those who have died of illnesses as well as those Case of illness disembarked during the flight. Give particulars in the Schedule.
2. 비행기 안에 질병을 퍼뜨릴 수 있는 그 밖의 조건을 별지 명세표에 적습니다.
Any other conditions on board which may lead to the spread of disease. Give particulars in the Schedule.
3. 비행 중 해충구제 또는 위생조치(장소, 연월일, 소요시간, 방법)를 하였으면 상세히 기록하고, 만약 비행 중에 아무런 해충구제도 하지 않았다면 가장 최근의 해충구제 조치를 한 것을 상세히 별지 명세표에 기록합니다.
Details of each disinsecting or sanitary treatment (place, date, time, and method) during the flight. If no disinsecting has been carried out during the flight, give details of most recent disinsecting. Give particulars in the Schedule.

서명 요구가 있으면 서명
Signature if required: ____________________

____

관 련 승 무 원
Crew member concerned

</td><td>화물
Cargo</td><td>…적하 목록 별첨
…Cargo Manifests attached</td></tr>
<tr><td colspan="2">FOR OFFICIAL USE ONLY</td></tr>
<tr><td colspan="3">나는 이 항공기 보건상태 신고서와 별지 명세표에 포함된 모든 진술과 세부 사항이 틀림없음을 신고하며 또한 모든 통과여객은 항행을 계속할 것임을(계속했음을) 신고합니다.
I declare that all statement and particular contained in this General Declaration and in any supplementary forms required to be presented with this General Declaration are complete, exact and true to the best of my knowledge and that all through passengers will continue/have continued on the flight.</td></tr>
</table>

(3면)

보건상태 신고 별지 명세표

□ 환자 또는 사망자 기록 The report of patient or dead person

※회복현황 / 사망여부를 적습니다. State whether recovered; still il; died

성명 Name	생년월일 Birth Date	성별 Sex	국적 Nationality	좌석번호 Seat No.	징후 및 증상 Signs & symptoms	비행 도중(경유지) 내린 사실 유무 Deplaning of flight during stopover (yes/no)	과거병력 Medical history

□ 비행 중 해충구제 및 위생조치 Extermination of vermin in flight and hygiene management

구 분 Section	비행 중 해충구제 및 위생조치 Extermination of vermin in flight and hygiene management	가장 최근의 위생조치 내용 Details of the most recent hygiene management
소독 장소 The place of disinfection	[ ] 여객실 Passengers' section [ ] 화물실 Cargos' section [ ] 그 밖의 장소 The others	[ ] 여객실 Passengers' section [ ] 화물실 Cargos' section [ ] 그 밖의 장소 The others
작업일 Date of operation	년(yy) 월(mm) 일(dd)	년(yy) 월(mm) 일(dd)
소독 방법 The way of disinfection	[ ] 잔류분무 Spray [ ] 살포 Dust [ ] 기타 Etc. ( )	[ ] 잔류분무 Spray [ ] 살포 Dust [ ] 기타 Etc. ( )
사용 약제명 The name of chemicals	살충제명 The name of insecticide: ______ 사용량: ___________(cc/g)	살충제명 The name of insecticide: ______ 사용량: ___________(cc/g)
	살충제명 The name of insecticide: ______ 사용량: ___________(cc/g)	살충제명 The name of insecticide: ______ 사용량: ___________(cc/g)

(4면)

검 역 조 사 서(검역관 기입 사항)
Quarantine Survey (The entry for quarantine officials)

<table>
<tr><td colspan="2">1. 항공기 편명 Aircraft Flight</td><td colspan="4">[ ] 여객기 A plane [ ] 화물기 Freighter</td></tr>
<tr><td colspan="2">2. 출발지 및 경유지 Departure and Stopover</td><td colspan="4">Gate</td></tr>
<tr><td rowspan="7">3. 보건·위생 상태 신고 현황
Reported for Health and sanitation</td><td rowspan="2">사망자
Existence of Deads</td><td colspan="4">[ ]없음 No [ ]있음 Yes(명)</td></tr>
<tr><td>※있을 경우 If yes,</td><td colspan="3">사망경위 Details of an accident:</td></tr>
<tr><td rowspan="2">감염병(의심) 환자
Patients of Infectious disease(suspected)</td><td colspan="4">[ ]없음 No [ ]있음 Yes</td></tr>
<tr><td>※있을 경우 If yes,</td><td colspan="3">[ ]설사 diarrhea 명 [ ]구토 vomiting 명
[ ]복통 stomachache 명 [ ]발열 fever 명
[ ]호흡곤란 dyspnea 명
[ ]기타 etc. ( )</td></tr>
<tr><td>기내 비상 의약품
Having Emergency Medicine in the flight</td><td colspan="4">[ ]없음 No [ ]있음 Yes</td></tr>
<tr><td colspan="5">환자에 대한 응급조치 및 비상 의약품 투여 내용
Content for treating the emergency medicine and emergency care for patients</td></tr>
<tr><td colspan="5"></td></tr>
<tr><td rowspan="6">4. 항공기의 위생상태 점검사항
The aircraft checklist of Sanitary condition</td><td rowspan="2">감염병 매개체 서식 여부
Inhabiting the vector of infectious diseases or not</td><td colspan="4">[ ]없음 No [ ]있음 Yes</td></tr>
<tr><td colspan="4">※ 서식(의심) 내용 Suspect information</td></tr>
<tr><td rowspan="2">식품 보관 및 조리실 청결상태
Cleanliness of kitchen and food storage</td><td colspan="4">[ ]없음 No [ ]있음 Yes</td></tr>
<tr><td colspan="4">※의심 내용 Suspect information</td></tr>
<tr><td rowspan="2">기타 위생상태
Other sanitation</td><td colspan="4">[ ]없음 No [ ]있음 Yes</td></tr>
<tr><td colspan="4">※의심 내용 Suspect information</td></tr>
<tr><td rowspan="5">5. 검체 채취
Collecting the Samples</td><td>검체번호
The number of Samples</td><td>검체명
The name of samples</td><td>채취 장소
The place of collect</td><td>결과
The result</td><td>비고
Note</td></tr>
<tr><td></td><td>[ ]오수 Sewage
[ ]기내식 An in-flight meal</td><td></td><td></td><td></td></tr>
<tr><td></td><td>[ ]오수 Sewage
[ ]기내식 An in-flight meal</td><td></td><td></td><td></td></tr>
<tr><td></td><td>[ ]오수 Sewage
[ ]기내식 An in-flight meal</td><td></td><td></td><td></td></tr>
<tr><td></td><td>[ ]오수 Sewage
[ ]기내식 An in-flight meal</td><td></td><td></td><td></td></tr>
<tr><td rowspan="2">6. 검역조사 결과
The Result of Quarantine Inspection</td><td colspan="5">[ ]이상 없음 Good [ ]이상 있음 Bad</td></tr>
<tr><td colspan="5">※이상시 조치사항 및 사유 The Measures and Reasons for abnormality</td></tr>
</table>

검역조사 일시: 년 월 일 시 분
The date of quarantine inspection Year Month Day Hour Minute

검역관 성명: (서명)
The Quarantine Officer Name Signature

항공기 사무장 성명: (서명)
Master Name Signature

승무원 및 승객 명부
Crew and Passenger List

☐ 승무원 명부(Crew List)

운송수단명 또는 등록번호 Name of vessel or Registration marks of aircraft and others

도착 예정 일시 Date and time of Arrival(yy/mm/dd/hh/mm)

일련번호 No.	직명 Rank	성명 Name	성별 Sex	생년월일 Birth Date	국 적 Nationality	승선·하선 구분 Embarked/to be disembarked	비고 Remark

☐ 승객 명부(Passenger List)

운송수단명 또는 등록번호 Name of vessel or Registration marks of aircraft and others

도착 예정 일시 Date and time of Arrival(yy/mm/dd/hh/mm)

일련번호 No.	성명 Name	성별 Sex	생년월일 Birth Date	주민번호 혹은 여권번호 ID No. or Passport No.	좌석번호 Seat No.	국 적 Nationality	최종 목적지 Destination	비고 Remark

210×297mm (인쇄용지 75g/m²)

건강상태 질문서
健康狀態質問書 HEALTH QUESTIONNAIRE

성명(姓名) Name		도착 연월일(到達年月日) Arrival Date(YY/MM/DD)	
국적(國籍) Nationality		선박・항공기・열차・자동차명 (船舶・航空機・列車・車輛 名) Vessel・Flight・Train・Car No.	
여권번호(護照番号) Passport No.		좌석번호(座位號碼) Seat No.	
생년월일(生年月日) Birth Date(YY/MM/DD)		주민등록번호 뒷자리 (내국인만 작성) Last seven digits of ID. No (Write for Only Korean)	
성별(性別) Sex	[ ]남(男)Male [ ]여(女)Female	휴대전화(전화번호) 携帶電話(電話番號) Mobile Phone No.(Tel.)	
한국 내 주소(韓國 內 地址) Contact address in Korea			

과거 10일 동안의 방문 국가명을 기입해 주십시오. 請填寫過去十天之內停留的 國家
Please list the countries where you have stayed during the past 10 days before arrival.

1)	2)	3)

과거 10일 동안에 아래 증상이 있었거나 있는 경우 해당란에 "∨" 표시를 해 주십시오.
過去十天之內如有以下症狀, 請在症狀前劃 "∨"
Please check a mark "∨", if you have or have had any of the following symptoms during the past 10 days before arrival.

[ ]콧물 또는 코막힘(鼻汁, 鼻閉塞) Runny or stuffy nose	[ ]인후통(咽喉痛) Sore throat	[ ]기침(咳嗽) Cough	[ ]발열(發熱・發燒) Fever	
[ ]설사(腹瀉) Diarrhea	[ ]구토(嘔吐) Vomiting	[ ]복통(腹痛) Abdominal pain	[ ]호흡곤란(呼吸困難) Difficulty breathing	[ ]잦은 호흡(呼吸急促) Shortness of breath

건강상태 질문서 작성을 기피하거나 거짓으로 작성하여 제출하는 경우 「검역법」 제12조 및 제39조에 따라 1년 이하의 징역 또는 1천만원 이하의 벌금에 처할 수 있습니다.
If you make a false statement concerning your health or fail to fill out the Health Questionnaire, you may face a sentence of up to one year of imprisonment or up to 10 million won in fines, in accordance with Articles 12 and 39 of the Quarantine Act.
回避惑虛假地塡寫衛生檢疫單時, 依据檢疫法第十二條及制三十九條的規定, 可被判以一年以下的徒刑惑 1,000万元(韓貨)以下的罰款.

국립○○검역소장 귀하
○○ National Quarantine Officer Ministry for Health and Welfare Republic of Korea

148mm×210mm (황색지 $70g/m^2$)

개 인 검 역 신 고 서
個人檢疫申告書 Travel record General Declaration

성명(姓名) Full name		국적(國籍) Nationality	
주민등록번호 National ID No		성별(性別) Sex	[ ]남 Male [ ]여 Female
여권번호(護照番号) Passport No		휴대전화(전화번호) Mobile Phone No.(Tel.)	
국내 주소 Current address			

과거 10일 동안에 아래 증상이 있었거나 있는 경우 해당란에 "∨" 표시를 해 주십시오.
過去十天之內如有以下症狀, 請在症狀前劃 "∨"
Please check a mark "∨", if you have or have had any of the following symptoms during the past 10 days before arrival.

[ ]콧물 또는 코막힘(鼻汁, 鼻閉塞) Runny or stuffy nose	[ ]인후통(咽喉痛) Sore throat	[ ]기침(咳嗽) Cough	[ ]발열(發熱・發燒) Fever	
[ ]설사(腹瀉) Diarrhea	[ ]구토(嘔吐) Vomiting	[ ]복통(腹痛) Abdominal pain	[ ]호흡곤란(呼吸困難) Difficulty breathing	[ ]잦은 호흡(呼吸急促) Shortness of breath

개인검역신고서 작성을 기피하거나 거짓으로 작성하여 제출하는 경우 「검역법」 제12조 및 제39조에 따라 1년 이하의 징역 또는 1천만원 이하의 벌금에 처할 수 있습니다.
If you make a false statement concerning your health or fail to fill out the Travel record General Declaration, you may face a sentence of up to one year of imprisonment or up to 10 million won in fines, in accordance with Articles 12 and 39 of the Quarantine Act.
回避惑虛假地塡寫衛生檢疫單時, 依据檢疫法第十二條及制三十九條的規定, 可被判以一年以下的徒刑惑 1000万元(韓貨)以下的罰款.

년(yy) 월(mm) 일(dd)

신고인 (서명)
Name of traveler (signature)

국립○○검역소장 귀하
○○National Quarantine Officer Ministry for Health and Welfare Republic of Korea

148mm×210mm (황색지 70g/m²)

제13조(검역 전의 승선 · 탑승) ① 검역조사를 받아야 할 운송수단에 검역증이 발급되기 전에는 제30조에 따른 검역공무원이 아닌 사람은 승선하거나 탑승할 수 없다. 다만, 미리 보건복지부령으로 정하는 바에 따라 검역소장의 허가를 받은 경우에는 그러하지 아니한다.
② 검역소장의 허가를 받지 아니하고 승선하거나 탑승한 사람은 검역조사를 받아야 한다.

제14조(전자 검역) ① 검역소장은 운송수단의 장이 전산으로 검역을 신청한 경우 신청받은 운송수단과 관련한 검역정보를 확인하여 검역감염병이 국내에 번질 우려가 없다고 인정되면, 도착과 동시에 검역 절차가 끝났음을 알리고 검역증을 내줄 수 있다.
② 제1항에 따라 전산으로 접수된 운송수단의 검역 정보가 사실과 다른 것으로 확인된 운송수단에 대하여는 보건복지부령으로 정하는 바에 따라 재검역 등 필요한 조치를 할 수 있다.
③ 제1항과 제2항에 따른 전자 검역의 절차 · 방법 등에 관하여 필요한 사항은 보건복지부령으로 정한다.

제15조(검역조치) ① 검역소장은 검역감염병에 감염되었거나 감염된 것으로 의심되는 사람, 검역감염병 병원체에 오염되었거나 오염된 것으로 의심되거나 감염병 매개체가 서식하는 것으로 의심되는 운송수단이나 화물에 대하여 다음 각 호의 전부 또는 일부의 조치를 할 수 있다.

1. 검역감염병 환자와 검역감염병 의사환자(이하 "검역감염병 환자등"이라 한다)를 격리시키는 것
2. 검역감염병 환자등과 접촉하거나 검역감염병 병원체에 노출된 사람으로서 검역감염병의 증상은 없으나 검역감염병의 발생이 의심되는 사람(이하 "검역감염병 의심자"라 한다)을 감시하거나 격리시키는 것
3. 검역감염병 병원체에 오염되었거나 오염된 것으로 의심되는 화물

을 소독 또는 폐기하거나 옮기지 못하게 하는 것

4. 검역감염병 병원체에 오염되었거나 오염된 것으로 의심되는 곳을 소독하거나 사용을 금지 또는 제한하는 것
5. 검역감염병에 감염되었거나 감염된 것으로 의심되는 시체(죽은 태아를 포함한다. 이하 같다)를 검사하기 위하여 해부하는 것
6. 운송수단과 화물을 소독하고 감염병 매개체를 없애도록 운송수단의 장이나 화물의 소유자 또는 관리자에게 명하는 것
7. 검역감염병의 감염 여부를 확인할 필요가 있다고 인정되는 사람을 진찰하거나 검사하는 것
8. 검역감염병의 예방이 필요한 사람에게 예방접종을 하는 것

② 제1항제5호에 따라 시체를 해부하려면 「장사 등에 관한 법률」 제2조제16호에 따른 연고자(같은 호 각 목에 규정된 선순위자가 없는 경우에는 그 다음 순위자를 말한다. 이하 "연고자"라 한다)의 승낙을 받아야 한다. 다만, 다음 각 호의 어느 하나에 해당하는 경우에는 연고자의 승낙을 받지 아니할 수 있다.

1. 연고자가 국외 또는 섬, 벽지(僻地) 등에 있거나 사는 곳을 알지 못할 때
2. 그 밖의 사유로 연고자의 승낙을 받을 수 없을 때
3. 연고자의 승낙을 받을 때까지 기다리면 해부의 목적을 이룰 수 없을 때

③ 제1항 제6호에 따른 명령을 받은 운송수단의 장이나 화물의 소유자 또는 관리자는 보건복지부령으로 정하는 자격이 있는 자에게 소독 등의 업무를 대신하게 하고 그 결과에 대하여 검역소장의 확인을 받아야 한다.

④ 해당 검역소장이 제1항에 따른 적절한 조치를 시행할 수 없는 경우에는 운송수단의 장에게 그 이유를 알리고 회항(回航)하거나 다른 검역 장소로 이동할 것을 지시할 수 있다. 이 경우 해당 운송수단의 장은 그 지시에 따라야 한다.

⑤ 검역소장은 제1항에 따른 검역조치를 할 때에 필요하면 관계 기관에

협조를 요청할 수 있으며, 그 요청을 받은 관계 기관의 장은 부득이한 사유가 없으면 협조하여야 한다.

제16조(검역감염병 환자등의 격리) ① 검역소장은 제15조제1항제1호에 따라 검역감염병 환자 등을 다음 각 호의 어느 하나에 해당하는 시설에 격리한다.

1. 보건복지부장관이 지정한 검역소 내 격리병동(隔離病棟)
2. 「감염병의 예방 및 관리에 관한 법률」 제36조 또는 제37조에 따른 감염병관리기관, 격리소 · 요양소 또는 진료소
3. 자가(自家)

② 검역소장은 검역감염병 환자 등이 많이 발생하여 제1항에 따른 격리병동이나 감염병관리기관 등이 부족한 경우에는 보건복지부령으로 정하는 바에 따라 임시 격리시설을 설치 · 운영할 수 있다.

③ 검역소장은 제1항에 따른 격리조치(이송을 포함한다)를 할 때에 필요하면 특별시장 · 광역시장 · 도지사 · 특별자치도지사(이하 "시 · 도지사"라 한다) 또는 시장 · 군수 · 구청장(자치구의 구청장을 말한다. 이하 같다)에게 협조를 요청할 수 있다. 이 경우 시 · 도지사 또는 시장 · 군수 · 구청장은 특별한 사유가 없으면 협조하여야 한다.

④ 검역감염병 환자등의 격리 기간은 검역감염병 환자등의 감염력이 없어질 때까지로 한다.

⑤ 제4항에 따른 격리 기간 동안 격리된 사람은 검역소장의 허가를 받지 아니하고는 다른 사람과 접촉할 수 없다.

⑥ 검역소장은 검역감염병 환자등을 격리 수용하였을 때에는 보건복지부령으로 정하는 바에 따라 격리 사실을 격리 대상자의 가족, 보호자 또는 격리 대상자가 지정한 사람에게 알려야 한다.

제17조(검역감염병 의심자에 대한 감시 등) ① 검역소장은 제15조제1항제2호에 따라 검역감염병 의심자가 입국 후 거주하거나 체류하는 지역의 특

별자치도지사 · 시장 · 군수 · 구청장에게 그 검역감염병 의심자의 건강 상태를 감시하도록 요청하거나 검역감염병 의심자를 제16조제1항 또는 제2항에 따른 시설에 격리시킬 수 있다.

② 특별자치도지사 · 시장 · 군수 · 구청장은 제1항에 따라 감시하는 동안 검역감염병 의심자가 검역감염병 환자나 검역감염병 의사환자로 확인된 경우에는 지체 없이 격리 등 필요한 조치를 하고 즉시 그 사실을 해당 검역소장에게 통보하여야 한다.

③ 제1항에 따른 감시 또는 격리 기간은 다음 각 호의 어느 하나를 초과할 수 없다.

1. 콜레라 : 5일
2. 페스트 : 6일
3. 황열 : 6일
4. 중증급성호흡기증후군 : 10일
5. 조류인플루엔자 인체감염증 : 10일
6. 제2조 제1호 바목 및 사목의 감염병 : 그 최대 잠복기

격리 사실의 통지 :

검역소장이 검역감염병 환자 등을 격리 수용하였을 때에는 격리 통지서로 격리 대상자의 가족, 보호자 또는 격리 대상자가 지정한 사람에게 알려야 한다.

검역감염병 외의 감염병에 대한 예방조치 등 :

검역감염병 외의 감염병환자 및 감염병 의사환자의 거주지 관할특별시 · 광역시 · 도 · 특별자치도에 통보하여 진찰, 검사, 소독 및 그 밖에 필요한 예방조치를 하도록 하고, 해당 운송수단의 장에게는 감염 방지 방법 등을 지도할 수 있다.

제18조(격리시설 등에서 화물 반출의 금지) 제16조에 따른 격리병동과 임시 격리시설에서 사용하거나 보관 중인 화물은 검역소장의 허락을 받지 아니하고 반출하여서는 아니 된다.

제19조(오염운송수단 등의 이동금지 등의 조치) ① 검역소장은 검역감염병에 감염되었거나 감염이 의심되는 승객, 승무원 및 도보출입자, 검역감염병 병원체에 오염되었거나 오염이 의심되는 운송수단 및 화물(이하 이 조에서 "오염운송수단 등"이라 한다)에 대하여는 검역소장이 지정하는 장소에서 검역감염병 유무에 관한 검사, 소독 및 물건의 폐기 등의 조치가 끝날 때까지 보건복지부령으로 정하는 바에 따라 이동금지 등의 조치를 할 수 있다.

② 검역소장은 오염운송수단 등에 대한 조치를 하여 검역감염병이 국내로 번질 우려가 없다고 인정되면 그 이동 금지 등의 조치를 해제하여야 한다. 이 경우 이동금지 등의 조치를 해제하기 위한 인정 기준은 보건복지부령으로 정한다.

제20조(검역감염병 외의 감염병에 대한 예방조치) 검역소장은 검역조사에서 검역감염병 외의 감염병에 걸린 환자나 검역감염병 외의 감염병으로 죽은 사람의 시체를 발견하였거나, 해당 운송수단이 검역감염병 외의 감염병 병원체에 오염되었거나 오염되었을 가능성이 있는 경우에는 보건복지부령으로 정하는 바에 따라 진찰, 검사, 소독 및 그 밖에 필요한 예방조치를 할 수 있다.

제21조(소독이 필요한 화물의 보관) 검역소장은 운송수단의 화물선적 목록에 적힌 화물 중 소독할 필요가 있다고 인정되는 화물은 다른 화물과 접촉되지 아니하게 따로 보관할 것을 해당 세관장에게 요구할 수 있다.

제22조(검역증) 검역소장은 검역조사 결과 운송수단, 사람 또는 화물에 이상이 없으면 운송수단의 장에게 보건복지부령으로 정하는 바에 따라 검역증을 내주어야 한다.

제23조(조건부 검역증) ① 검역소장은 검역조사 결과 검역소독 등을 실시

할 것을 조건으로 도착을 허가한 운송수단의 장에게 조건부 검역증을 내줄 수 있다.

② 검역소장은 조건부 검역증을 받은 운송수단의 장이 해당 조건을 이행하였을 때에는 그 운송수단의 장으로부터 조건부 검역증을 돌려받고 검역증을 내주어야 한다.

③ 검역소장은 운송수단의 장이 제1항에 따른 조건부 검역증에 제시된 조건을 이행하지 아니하면 이동금지 등의 조치를 할 수 있다.

④ 검역소장은 운송수단의 장이 제1항에 따른 조건부 검역증을 받은 운송수단에 대한 조건을 이행하는 것이 곤란하다고 판단될 경우에는 운송수단의 장에게 그 이유를 밝히고 보건복지부령으로 정하는 바에 따라 회항시키거나 다른 검역구역으로 이동할 것을 지시할 수 있다. 이 경우 해당 운송수단의 장은 그 지시에 따라야 한다.

NATIONAL QUARANTINE STATION
REPUBLIC OF KOREA

검역증
FREE PRATIQUE

발급 연월일
Date / /

1. 선박명 또는 항공기 · 열차 · 자동차 등록번호:
   Name of Vessel or Registration Marks of Aircraft/Train/Car

2. 국 적:
   Nationality

3. 선박 종류 또는 항공기 · 열차 · 자동차의 형:
   Description of Vessel/Type of Aircraft/Train/Car

4. 위의 선박 · 항공기 · 열차 · 자동차에 대하여 검역 법규에서 정한 바에 따라 검역을 실시한 결과 이상이 없음을 인정합니다. 따라서 「검역법」 제22조에 따라 증명서를 발급합니다.
   It has been ascertained that no abnormality exists as a result of quarantine inspection conducted with the above mentioned vessel/aircraft/train/car under the Provisions of the Quarantine Act. Accordingly, this is issued under the provisions of Article 22 of the Quarantine Act.

서명 Signature: ________________ Quarantine Officer Concerned	서명 Signature: ________________ Director of Quarantine Station

국립○○검역소장 직인

○○National Quarantine Officer
Ministry for Health and Welfare Republic of Korea

210mm×297mm (일반용지 60g/m²)

NATIONAL QUARANTINE STATION
REPUBLIC OF KOREA

조건부 검역증
PROVISIONAL PRATIQUE

발급 연월일
Date / /

1. 선박명/항공기 · 열차 · 자동차 등록번호:
Name of Vessel or Registration Marks of Aircraft/Train/Car

2. 국적:
Nationality

3. 선박 종류 또는 항공기형 · 열차 · 자동차의 형:
Description of Vessel/Type of Aircraft / Train/Car

4. 위의 선박 · 항공기 · 열차 · 자동차에 대하여 검역 법규에서 정한 바에 따라 검역을 실시한 결과, 이 선박 · 항공기 · 열차 · 자동차를 통하여 검역감염병의 병원체가 국내에 침입할 우려가 거의 없다고 인정하여 「검역법」 제23조제1항에 따라 우선 이 증서를 발급합니다. 따라서 년 월 일까지 다음 조건을 이행하고 검역증을 발급받아야 합니다.
As a result of the quarantine inspection conducted with the above mentioned vessel/aircraft/train/car under the provisions of the Quarantine Act, it has been determined that little or no danger exists as to the possible invasion of quarantinable disease into the Republic of Korea from such vessel/aircraft/train/car. Accordingly, under the provisions of Article 23 of the Quarantine Act, it is hereby decreed that this certificate will be replaced with a new certificate of Free Pratique provided the following conditions are complied with by (day) , (month) , (year) .

다음 조건 Conditions

서명
Signature : ________________
Quarantine Officer Concerned

서명
Signature : ________________
Director of Quarantine Station

국립○○검역소장 직인

○○National Quarantine Officer
Ministry for Health and Welfare Republic of Korea

210mm×297mm (일반용지60g/m^2)

회항 등의 지시 :

검역소장이 운송수단의 장에게 회항하거나 다른 검역구역으로 이동하도록 지시하는 경우에는 회항 · 이동 지시서로 한다.

회항 · 이동 지시서
Order for Sailing back / Flying back

수신 Recipient: 귀하 To

운송수단명 Flight or Ship No.		등록번호 Registration No.	
운송수단 종류 Kind of Ship/Aircraft/Others		국적 Nationality	
총톤수 또는 용적 Gross Tonnage or Volume		회사명/대리점명 Name of Company/Agency	
입국 일시 Date of Entry		출발지역(도시) Departure of Place(City)	
지시 사유 Reason for order for sailing back/flying back			
지시사항 Type of sailing back/flying back instructed	[ ]회항 Sailing/flying back		
	[ ]다른 검역구역( )으로 이동 Sailing/flying back movement to other district of Quarantine ( )		

「검역법」 제23조제4항 및 같은 법 시행규칙 제18조에 따라 회항 또는 이동 지시 대상으로 통보합니다.

In compliance with the provisions of Article 23 of the Quarantine Act, Report target for sailing back/flying back instructed.

년(yy) 월(mm) 일(dd)장

국립○○검역소장 직인

○○National Quarantine Officer
Ministry for Health and Welfare Republic of Korea

210mm×297mm (일반용지60g/m²)

제24조(출입국의 금지 또는 정지 요청) 보건복지부장관은 공중위생상 큰 위해를 끼칠 염려가 있다고 인정되는 검역감염병 환자 등에 대하여는 법무부장관에게 출국 또는 입국의 금지 또는 정지를 요청할 수 있다. 다만, 입국의 금지 또는 정지의 요청은 외국인의 경우에만 해당한다.

제25조(시체 등의 반입 및 조사) ① 국내로 시체를 반입하려는 자는 검역감염병으로 인한 사망 여부를 확인하기 위하여 보건복지부령으로 정하는 바에 따라 필요한 서류를 제출하거나 제시하여야 한다.

② 검역소장은 검역감염병으로 죽은 사람의 시체, 유골 및 유물로서, 방부처리(防腐處理) 후 불침투성(부침투성)관(棺)에 밀봉되어 있지 아니하거나 화장조치(火葬措置)가 되어 있지 아니한 것에 대하여는 국내 반입을 허용하지 아니한다.

③ 운송수단의 운행 중 발생한 사망자의 시체는 보건복지부령으로 정하는 바에 따라 검역조사를 받아야 한다.

시체 반입에 필요한 서류 등 :

1. 사망진단서 또는 사체검안서(死體檢案書)
2. 방부처리 증명서류(검역감염병으로 사망한 경우만 해당한다)
3. 항공화물운송장 사본 또는 선하증권(船荷證券) 사본
4. 그 밖에 검역소장이 검역감염병으로 인한 사망 여부를 확인하기 위하여 제출을 요구하는 서류

운행 중 사망한 사람의 시체에 대한 검역조사 :

운송수단의 장은 운행 중 사망한 사람에 대하여 사망경위서를 검역소장에게 제출하여야 한다.

검역소장은 운송수단의 운행 중 사망한 사람이 검역감염병으로 사망한 것으로 의심되는 경우에는 검역조치를 할 수 있다.

사망경위서 Account of Death

운송수단명 Flight or Ship No.		
사망자 The dead	성명 Name	
	주민등록번호(여권번호) Resident Registration(Number of Passport)	
	사망 일시 Date of Death	
	사망 장소 Place of Death	
	사망 경위(육하원칙에 따라 자세히 적습니다) Details of death (Why, How, When, Where, What, Who)	
신고인 Declarer	성명 Name	사망자와의 관계 Relationship with the dead
	전화번호 Tel.	

「검역법」 제25조제3항 및 같은 법 시행규칙 제20조제1항에 따라 위와 같이 제출합니다.

I submit it in accordance with the provisions of Article 25 of the Quarantine Act.

년(yy) 월(mm) 일(dd)

신고인 (서명 또는 인)

국립○○검역소장 귀하
To. ○○National Quarantine Officer
Ministry for Health and Welfare Republic of Korea

210mm×297mm (일반용지 60g/m^2)

제26조(공중보건조치) 검역소장은 검역감염병의 전파가 우려될 경우에는 우리나라로 들어오거나 외국으로 나가는 사람에게 다음 각 호에 해당하는 조치를 할 수 있다.

1. 여행지역과 시기에 관한 정보의 요구
2. 검역감염병 관련 건강 상태에 관한 정보의 요구
3. 예방접종을 증명할 수 있는 서류의 요구
4. 검역감염병의 감염 여부를 파악하기 위한 검사 또는 검진

제3장 검역공무원

제30조(검역공무원) ① 이 법에 규정된 사무를 맡기기 위하여 검역소에 검역소장, 검역관 및 그 밖의 공무원(이하 "검역공무원"이라 한다)을 둔다.
② 검역공무원의 자격 등에 관하여 필요한 사항은 보건복지부령으로 정한다.

검역공무원의 자격 등 :

검역소장은 기술서기관 중에서 임명한다. 다만, 국립인천공항검역소장은 고위공무원단에 속하는 일반직공무원으로 임명한다.

검역소장을 충원하기 어려운 경우에는 감염병 관련 분야 근무경력이 5년 이상인 4급 공무원 중에서 임명할 수 있다.

검역관은 의무직·보건직·약무직·간호직 또는 의료기술직 공무원으로서 보건복지부장관이 정한 검역 관련 전문교육을 이수한 사람이어야 한다.

그 밖의 공무원 중 검역관의 업무를 지원 또는 보조하는 공무원은 검역소장이 실시하는 검역 관련 기본교육을 이수한 사람이어야 한다.

검역공무원의 증표 :

(앞면)

제　　호

검 역 공 무 원 증

사 진 (2.5cm×3cm)	소　　속: 직　　급: 성　　명: 생년월일: 위 사람은 「검역법」에 따른 직무를 수행하는 검역공무원임을 증명합니다. 년　　월　　일 국립○○검역소장 [직인]

(뒷면)

No.

IDENTIFICATION CARD

Name of Quarantine Station :
Official Position :
Name :
Date of Birth :

This is to certify that above mentioned person is a Quarantine Officer to execute his function in accordance with the provisions of the Quarantine Act

Date of issue : ______________
(Signed)

○○National Quarantine Officer
Ministry for Health and Welfare Republic of Korea

91mm×61mm(인쇄용지(특급) 120g/m²)

찾아보기

참고문헌

고광남, 소대섭(2006) 항공보안론, 백산출판사.

국토해양부 항공정책실 편(2011) 항공정책론, 백산출판사.

박시사(2009) 한국관광론, 백산출판사.

대한항공 객실승무원 업무교범(Cabin Operations Manual)

대한항공 객실승무원 업무규정집(Cabin Crew Manual)

대한항공 정기안전훈련 실무교재

아시아나항공 객실승무원 업무규정집(Cabin Crew Manual)

아시아나항공 캐빈승무원 안전초기훈련

http://www.law.go.kr(국가법령정보센터)

법제처(2012) 항공법, 同法 시행규칙, 同法 시행령

법제처(2010) 항공안전 및 보안에 관한 법률, 同法 시행규칙, 同法 시행령

법제처(2009) 여권법, 동법 시행규칙, 同法 시행령

법제처(2011) 출입국관리법, 同法 시행규칙, 同法 시행령

법제처(2010) 검역법, 同法 시행규칙, 同法 시행령

저자약력

安 昭 英

대한항공 객실승무원
현) 대경대학 항공운항과 학과장

Airline cabin crew laws

항공사 객실승무원 관련 법률

2012년 7월 16일 1판 1쇄 인쇄
2012년 7월 23일 1판 1쇄 발행

지은이 안소영
펴낸이 윤용호
펴낸곳 석학당 출판사
121-856 서울시 마포구 신수동 448-6 1F
등록 2001.10.23. 제10-2238호
전화 02)719-6116
팩스 02)719-6120
홈페이지 www.shdbooks.co.kr
E-mail shd6116@chol.com

ISBN 978-89-93158-56-4 93360

가격 15,000원